Sascha Krefft

verpiss dich!

Sascha Krefft

verpiss dich!

Selbstschutz und Selbstverteidigung
für Mädchen und junge Frauen

Kösel

ISBN 3-466-30510-1
© 2000 by Kösel-Verlag GmbH & Co., München
Printed in Germany. Alle Rechte vorbehalten
Druck und Bindung: Kösel, Kempten
Visuelles Konzept und Umschlaggestaltung: Fortune München
Umschlagmotiv: Bokelberg/Picturepress, Hamburg

1 2 3 4 5 · 04 03 02 01 00

*Gedruckt auf umweltfreundlich hergestelltem Werkdruckpapier
(säurefrei und chlorfrei gebleicht)*

inhalt

zum buch 7

einige hinweise vorab 10

das notwehrrecht 12

soll ein mädchen sich wehren? 15

mann und frau – ein rollenspiel 17

die schuldfrage 20

das opfer 22

der täter 24

es ist nie zu spät, sich zu wehren! 32

eine frage der definition 37

situationen mit erhöhtem risiko 45

gewalt in einer beziehung 53

das potenzielle opfer 54

selbstschutz beginnt im kopf 58

die »waffen« der frau   59

die »schwachstellen« des mannes   75

die frauenselbstverteidigung   83

techniken ohne »waffen«   90

techniken mit »waffen«   100

was tun, wenn es passiert ist?   107

deine rechte im strafprozess   111

mögliche seelische folgen   112

der selbstverteidigungskurs   114

fitness   115

zu guter letzt   116

wohin du dich wenden kannst   118

danksagung   125

weiterführende literatur   126

zum buch

Seit einigen Jahren beschäftige ich mich nun mit der Selbstverteidigung für Mädchen und Frauen. Und wer sich ernsthaft mit so einer Sache befasst, kommt schnell zu der Erkenntnis, dass Mädchen mehr für ihre Sicherheit tun können und müssen, als nur »ein bisschen« darüber Bescheid zu wissen, wie man sich wehrt. Das Paradoxe ist, dass für die besagte Sicherheit das potenzielle Opfer, also auch du, selbst verantwortlich ist. Die zentrale Frage, die sich in diesem Zusammenhang immer stellt, lautet: »Was ist, wenn ich als Mädchen nicht für meine Sicherheit sorge? Bin ich dann Schuld an meiner Vergewaltigung, weil ich nichts dagegen unternommen habe?« Und die Antwort, die ich darauf gebe und die mich bewogen hat, ein solches Buch zu schreiben, ist: »Nein, du bist natürlich nicht schuld, aber du könntest etwas dafür tun, damit es nicht passiert!«

Du kannst mehr für deine Sicherheit tun!

Das erscheint auf den ersten Blick vielleicht etwas widersprüchlich, aber ich möchte versuchen dir anhand eines Beispiels zu erklären, was ich meine. Banken sollen nicht überfallen werden. Sie werden stabil gebaut, mit Panzerglas und Stahl gesichert, von Videoanlagen überwacht und an Alarmsysteme gekoppelt. Einbruchdiebstahl und Banküberfälle stehen gesetzlich unter Strafe. Es wird viel für die Sicherheit getan, aber gibt es eine 100%ige Sicherheit? Nein! Hat eine Bank Schuld an einem Überfall, weil sie sich nicht 100%ig schützen kann? Nein! Sie ist genauso unschuldig am Überfall, wie ein Opfer an seinem Missbrauch.

Dieses Wissen um deine Unschuld ist allerdings nicht die Bohne wert, wenn du nicht wirklich alles versucht hast, dir dieses beschissene Erlebnis zu ersparen. »Alles versuchen« fängt mit dem Lesen dieses Buches an und nicht

mit dem aussichtslosen Versuch, bei einer drohenden Vergewaltigung die Beine ganz fest zusammenzupressen.
Du sollst aus der Lektüre Selbstvertrauen gewinnen, aus dem Buch lernen, damit arbeiten und bedingt danach leben. Mit dem Lesen dieses Buches hast du angefangen, Verantwortung für dich zu übernehmen. Ich möchte dir helfen, die richtige Erkenntnis zu erlangen, die erforderlich ist, wenn du wirklich sicherer leben willst. Du als einzelnes Mädchen kannst das Problem der sexuellen Übergriffe zwar nicht lösen, aber du kannst versuchen damit umzugehen, dich persönlich vor Übergriffen zu schützen und zur Wehr zu setzen. Lass dich durch dieses Buch ermutigen, etwas für deine Sicherheit und dein Wohlbefinden zu tun.

Fang an, Verantwortung für dich zu übernehmen.

Ein Mädchen sagte mal auf einem meiner Lehrgänge: »Wir können den Wind nicht beherrschen, aber wir können die Segel richtig setzen!«
Was ich in diesem Zusammenhang für wichtig und nützlich erachte, habe ich in diesem Buch zusammengetragen und (Überlebens-)Wichtiges vom Ballast des »Gut-dass-man-das-mal-gehört-hat« getrennt.

Ich mache mit dir die ersten Schritte in Richtung effektiven Selbstschutzes. Das ist mehr als die pure Frauenselbstverteidigung. Selbstverteidigung ist zweifellos wichtig, denn sie ist sowohl die letzte Rettung, wenn deine Vorsichtsmaßnahmen nicht ausgereicht haben, sie ist aber auch – und zwar vor allem – das Fundament, damit du selbstsicherer auftreten kannst. Ohne das Beherrschen effektiver Selbstverteidigungstechniken ist es für ein Mädchen oft schwer, sich in den aggressiven Situationen des Lebens zu behaupten. Mädchen merken schon früh, dass sie der Gewalt eines Jungen meist nicht gewachsen sind, weshalb sie öfter nachgeben (müssen), als ihnen lieb ist. Sie haben oft nicht gelernt, auf dem gewalttätigen Niveau der Jungen mitzuhalten, denn Mädchen sollen immer lieb und höflich und artig und anschmiegsam sein. Die Fähigkeit »Nein!« zu sagen und nur zu tun, was sie selbst wollen und für sich einzustehen, wird regelrecht aberzogen. Immer wieder stoßen Mädchen auf Jungen und Männer, die diese Unfähigkeit »Nein!« zu sagen schamlos ausnutzen. Sie bedienen sich ihrer Autorität oder der Sympathie und des Vertrauens, die Mädchen ihnen entgegenbringen. Als letztes Druckmittel wird die tätliche Gewalt eingesetzt oder zumindest mit ihr gedroht. Das Buch soll dir helfen, etwas gegen diese Unfähigkeit »Nein!« zu sagen zu unternehmen. Notfalls musst du über Mittel verfügen, die zwar ziemlich niveaulos, aber deinem Selbsterhaltungstrieb durchaus von Nutzen sein können. Das Wissen um deine Verteidigungsfähigkeit gibt dir Sicherheit und Selbstvertrauen. Mit diesem guten Gefühl kannst du dich in »Ruhe« verbal mit deinen Mitmenschen auseinander setzen, ohne übermäßig Angst vor körperlicher Gewalt haben zu müssen. Mit diesem Selbstvertrauen als Grundlage kannst du dich behaupten. Und wo du dich behaupten konntest, musst du dich meist nicht mehr verteidigen.

Lerne, »Nein!« zu sagen.

Natürlich kann dir niemand 100%ige Sicherheit garantieren, auch dann nicht, wenn du nach bestem Wissen und Gewissen alles erdenkliche für deine Sicherheit getan hast. Am Ende des Buches habe ich daher einige wichtige Adressen von Organisationen und Anlaufstellen zusammengestellt – für den Fall, dass du eines Tages doch Hilfe in Anspruch nehmen musst. Ich wünsche dir aber von Herzen, dass das nie der Fall ist.

einige hinweise vorab

Raus aus der Opferrolle!

1. Indem du dieses Buch liest, beginnst du deinen Wunsch nach mehr Sicherheit und Selbstbestimmung in die Tat umzusetzen. Du bist im Begriff, aktiv zu werden. Raus aus der Opferrolle! Das geht aber nur zu 100%. Du hast eine Chance, nutze sie!

   Den Inhalt dieses Buches zu kennen, ihn gar nicht oder nur halbherzig zu beachten, um dann doch Opfer zu werden, kann für das Opfer schlimmer sein, als sich gar nicht mit dem Thema auseinander gesetzt zu haben.

   Stell dir vor, du füllst einen Lottoschein aus und gibst ihn nicht ab, weil du denkst du hättest sowieso kein Glück. Und dann gewinnen deine Zahlen ... Könntest du dir diese Halbherzigkeit verzeihen?

   Du hast Recht, der Vergleich hinkt etwas, denn dein Selbstschutz ist kein Glücksspiel und es geht um mehr als ein paar Mark. Es geht um dich, deine Gesundheit, dein Wohlbefinden, dein Leben. Stell dir vor, du hast dieses Buch nicht nur gekauft und zu den anderen Büchern gestellt, sondern auch gelesen, aber du denkst: »Pfeif drauf, mir passiert sowieso nichts.« Und dann passiert es dir doch.

   Könntest du dir deine Halbherzigkeit verzeihen?

2. Ich schreibe in diesem Buch Klartext, damit du dich mit dem Thema in seiner ganzen Hässlichkeit auseinander setzt und die übermäßige Angst vor dem hoffentlich Unbekannten verlierst. Diese Thematik ist alles andere als »ganz nett« oder »ganz interessant«, und deshalb habe ich mich dazu entschlossen, die Dinge beim Namen zu nennen.

   Ich habe weder vor, dich mit Theorien zu langweilen, noch möchte ich die Dinge verharmlosen oder versachlichen, da du damit in einer konkreten Bedrohungssituation nichts anfangen kannst. Ich hoffe, du setzt deine rosarote Brille ab und entledigst dich deiner plüschigen Scheuklappen.

Du darfst dieses Buch ruhig ganz persönlich nehmen, denn ich habe es für dich geschrieben, weil es, auch wenn es dir vielleicht nicht gefällt, ganz konkret um dich geht.

Du darfst dieses Buch ruhig ganz persönlich nehmen.

3. Dieses Buch enthält wirksame Nahkampftechniken, die logischerweise nicht ungefährlich sind. Der Missbrauch dieser Techniken kann auch für dich ernste Folgen haben und Strafverfolgung nach sich ziehen. Ich bitte um die nötige Vorsicht beim eventuellen Training und die mögliche Nachsicht bei der Verteidigung.

IN: Krefft, Sascha: Verpiss dich! für Mädchen

das notwehrrecht

Du wunderst dich vielleicht, warum ich dich am Anfang gleich mit dem oft als trocken empfundenen Notwehrrecht konfrontiere. Das hat natürlich seinen Sinn. Selbstverteidigung ist die Basis für deinen Selbstschutz und das Notwehrrecht ist wiederum die juristische Grundlage für die Selbstverteidigung. That's it.

Erlaubt ist, was sich im Rahmen der Gesetze bewegt.

In meinen Selbstverteidigungskursen taucht oft die Frage auf: »Ja darf ich denn dem so ...?« Dabei werden die verschiedensten Grausamkeiten angedeutet, die ein Mädchen einem Mann antun kann. Ich kann darauf nur mit »Ja!« antworten, denn du darfst es wirklich, wenn du dich im Rahmen unserer Bundesdeutschen Gesetze bewegst. Du sollst wissen, dass du das Recht in einer Notwehrsituation auf deiner Seite hast, damit du dich im Falle eines Falles nicht mit Zweifeln ob der Rechtmäßigkeit deines Handelns quälst und zu zögerlich und somit uneffektiv handelst.

Eines deiner Rechte ist das Notwehrrecht. Dort heißt es: »*Wer eine Tat begeht, die durch Notwehr geboten ist, handelt nicht rechtswidrig.*« Hört sich zunächst ganz gut an, aber wenn du dir diesen Satz mal auf der Zunge zergehen lässt, dann stellt sich doch die Frage: »Was ist Notwehr?« Auch diese Antwort ist im entsprechenden Gesetz vorgegeben: »*Notwehr ist die Verteidigung, die erforderlich ist, um einen gegenwärtigen rechtswidrigen Angriff von sich oder einem anderen abzuwenden.*« Wenn also dein Leben, deine Gesundheit, deine Freiheit, deine Ehre oder dein Hab und Gut von einem anderen verletzt, beschädigt oder bedroht werden, dann liegt ein Angriff gegen dich vor. Du befindest dich somit in einer Notwehrlage und darfst deine rechtlich geschützten Interessen (Leben, Gesundheit, Freiheit ...) im Rahmen des Notwehrgesetzes verteidigen, wenn – so steht es im Gesetz – der Angriff »rechtswidrig und gegenwärtig« ist. »Rechtswidrig« sollte klar sein. Wenn dir also obiges widerfährt und du, bzw. deine Eltern, diesem weder zugestimmt hast, noch dieses durch ein Gesetz gerechtfertigt wird, dann liegt eine Rechtswidrigkeit vor. Ebenso muss der Angriff gegenwärtig sein. Der Gesetzgeber bezeichnet einen Angriff auch dann als gegenwärtig, wenn dieser unmittelbar bevorsteht. Du darfst dich also auch verteidigen, wenn du noch nicht angegriffen wurdest aber einen Angriff unmittelbar zu befürchten hast. Sollte die Tat jedoch vollendet sein oder der Täter zeigt keinen Angriffswillen mehr, dann ist die rechtliche Grundlage der Notwehr nicht mehr gegeben. Wenn du den Täter in diesem Moment attackieren würdest, wäre das Selbstjustiz und die wird von unserer Rechtsordnung nicht gebilligt. Nun weißt du, dass du dich wehren darfst, warum du dich wehren darfst und wann du dich wehren darfst. Es ist noch interessant zu erfahren, wie du dich wehren darfst. Denn ... es ist nur »die Verteidigung erlaubt, die erforderlich ist, um einen ... Angriff von sich oder einem anderen abzuwenden.« Also: Nicht mit Kanonen auf Spatzen schießen!

Ein kleines Beispiel:

> Wenn du in der Disco bist und dir fasst dort einer an den Hintern, dann ist es nicht mit dem Notwehrrecht zu vereinbaren, wenn du diesem Menschen mit einer Cola-Flasche die Nase brichst. Bist du in einer Situation, in der du eine Verteidigung für angebracht hältst und verfügst zudem über eine unglaubliche Menge an Verteidigungstechniken, dann solltest du diejenige Technik anwenden, die für den Täter am angemessensten

ist. Wenn es also reichen würde, dass du dem Kerl eine deftige Ohrfeige gibst oder mal ganz unspektakulär auf seinen Hosenlatz schlägst, dann tu das und verzichte auf deine Lieblingstechnik »Nase-Brechen«.

Solltest du in einer bedrohlichen Situation von deinem Notwehrrecht Gebrauch machen und du schießt über dein Ziel, den Angriff abzuwehren, hinaus, dann ist auch dieses gesetzlich geregelt: *»Überschreitet der Täter die Grenzen der Notwehr aus Verwirrung, Furcht oder Schrecken, so wird er nicht bestraft.«* (Achtung: Du bist hier »der Täter«!).

Wissen solltest du auch, dass du dieses Notwehrrecht nicht nur für dich in Anspruch nehmen kannst, sondern auch für eine Person (zum Beispiel deine Freundin), die nicht in der Lage ist, sich allein ausreichend zu verteidigen. Wenn du jemandem zu Hilfe eilen möchtest, achte darauf, dass deine Hilfe vom Opfer auch gewünscht wird, da die Nothilfe nicht aufgedrängt sein darf.

soll ein mädchen sich wehren?

»Ja!« Dies müsste als Antwort reichen. Wenn du in einer misslichen Situation steckst, musst du dich entscheiden, wie du handelst. Die Entscheidung kann dir niemand abnehmen, denn es gibt kein Universalrezept. In beinahe allen erdenklichen Fällen halte ich es für sinnvoll, sich sofort und heftig zu wehren. Die meisten Vergewaltiger lassen von ihren Opfern ab, wenn sie Gegenwehr verspüren, denn sie wollen Opfer und keine Gegnerinnen. In den wenigen Fällen, in denen eine Gegenwehr nicht zum gewünschten Erfolg führte, ist die Tatsache, dass sich das Opfer gewehrt hat, enorm wichtig: Das Opfer kann das Erlebnis besser verarbeiten, und es hat sich deutlich von der Tat distanziert, was für seinen Seelenfrieden das Wichtigste ist.

In beinahe allen erdenklichen Fällen ist es sinnvoll, sich zu wehren.

Unverständlicherweise hält sich hier und da immer noch die absurde Vorstellung, dass es besser sei, sich nicht zu wehren, um Schlimmeres zu vermeiden. Was kann denn Schlimmeres passieren, als eine Vergewaltigung mit dem zusätzlichen Risiko einer möglichen Schwangerschaft, der Möglichkeit, mit Geschlechtskrankheiten oder sogar Aids infiziert zu werden oder dem Risiko im Anschluss an ein Sexualverbrechen getötet zu werden? Der Typ kann dich zusammenschlagen, und ...? Sind blaue Flecken, Prellungen eventuell auch Knochenbrüche schlimmer als eine Vergewaltigung? Ich denke nicht. Du solltest diese Verletzungen riskieren, wenn du auch nur die kleinste Chance siehst, nicht vergewaltigt zu werden.

Das einzige, was noch schlimmer ist als eine Vergewaltigung, ist, dass er dich tötet. Doch Sexualstraftäter töten nicht, weil sich das Opfer wehren wollte, sondern weil sie nicht mehr logisch denken können und meinen, aus dieser auswegslos anmutenden Situation am besten rauszukommen, wenn sie alle Spuren und Zeugen beseitigen.

Wenn du dich wehrst, kannst du dir womöglich Schlimmeres ersparen. Wenn du dich wehrst, kannst du dir also nicht nur die Vergewaltigung ersparen, sondern womöglich Schlimmeres. Ist es nicht das, was wir wollen? Es gibt in meinen Augen nur eine Möglichkeit: Du setzt dich so entschieden wie möglich zur Wehr, sodass der Pisser froh sein kann, wenn er selbst mit dem Leben davonkommt.

»Wer kämpft, kann verlieren, wer nicht kämpft, hat schon verloren!« (Bert Brecht)

Selbst wenn du versucht hast, dich zu wehren, das aber nicht geklappt hat und du zu der Vergewaltigung auch noch Schläge ertragen musstest, hast du das gute Gefühl, alles versucht zu haben, und das ist sehr viel wert, wenn es darum geht, das Vorgefallene zu verarbeiten. Womit wir wieder bei der gefährlichen Situation angelangt sind, in der ein Täter zu deiner Sicherheit von dir nicht unter Druck gesetzt werden sollte. Wenn alles gelaufen ist, ist es das Klügste, sich möglichst unauffällig und absolut harmlos zu geben. Jetzt ist die kritische Phase, in der es eventuell um dein Leben geht. Du solltest bereit sein dafür zu lügen, ohne dem Täter das Gefühl zu geben, ihn für dumm verkaufen zu wollen. Wenn es dein Leben rettet, solltest du ihm alles sagen, was er hören will. Vermittle ihm das Gefühl, dass es in deinem Interesse wäre, wenn nichts an die Öffentlichkeit gelänge. Sag ihm, du könntest kein Gerede gebrauchen oder dass deine Eltern nichts erfahren sollten, weil sie sich aufregen würden, und an deiner Schule würden sie sich nur die Mäuler zerreißen. Selbst wenn du ihn vom Sehen irgendwoher kennst, ist er der Letzte, der erfahren sollte, dass du ihn kennst. Er muss fest davon überzeugt sein, dass von dir keinerlei Gefahr ausgeht.

Es ist also auf jeden Fall von Vorteil, wehrhaft zu sein. Denn dich vergewaltigt niemand, wenn du so wirkst, als könntest du dich wehren.

mann und frau – ein rollenspiel

Überall, wo Menschen aufeinander treffen »spielen« sie eine gewisse Rolle. Du bist zwar immer du, aber du wirst dich deinen Lehrern gegenüber wie eine Schülerin, und deinen Freundinnen gegenüber wie eine von ihnen verhalten. Du wirst mit deinem Bruder oder einem guten Freund anders umgehen, als mit einem Jungen, in den du verknallt bist. Jeder erlebt dich in einer anderen Rolle. Jungen und Männer haben ein Bild von Mädchen in deinem Alter und gehen davon aus, dass du diesem Bild entsprichst. Sie glauben, sie wüssten, was Mädchen wollen und sind deshalb fest davon überzeugt, dass du das Gleiche willst. Dass jeder Mensch als eigenständiges Individuum gesehen und respektiert werden möchte, wollen die wenigsten raffen, weil es bequemer ist, in Bildern von Menschen zu denken, als jeden neu kennen zu lernen.

Wie sieht deine Rolle als Mädchen aus? Was für ein Bild hast du von dir? Bist du schüchtern oder eher selbstbewusst? Nur du kannst für dich antworten, denn du wirst ein anderes Rollenverständnis haben als deine Freundin. Beziehungen zwischen Mädchen und Jungen sind voll von Unstimmigkeiten. Unterschiedliche Erwartungshaltungen treffen aufeinander, die zwangsläufig zu Konflikten führen müssen, wenn niemand bereit ist, sein Bild vom anderen zu ändern. Hast nicht auch du Bilder von Jungen im Kopf und meinst sie zu kennen oder glaubst du nicht, dass alle Jungen immer nur das Eine wollen? Menschen müssen einfach lernen miteinander umzugehen, aufeinander einzugehen, wozu auch gehört, dass du zum Beispiel deine eigene, selbstbestimmte Geschlechterrolle zu begreifen lernst. Es ist nicht schlimm, dass es dabei Missverständnisse gibt, aber doof ist es, wenn diese nicht eingestanden werden und der andere nicht respektiert wird. Einige Jun-

Was für ein Bild hast du von dir?

Sex ist für Jungen ein Eroberungsspiel.

gen und Männer haben zum Beispiel, im Gegensatz zu vielen Mädchen, das Bedürfnis ihre ersten sexuellen Erfahrungen bei so genannten One-night-Stands zu suchen. Sexualität ist für diese Jungen ein Eroberungsspiel. Sie wollen kein erfülltes Liebesleben mit einer Partnerin, sondern möglichst viele Mädchen »durchgezogen« haben. Jungen gehen im Allgemeinen davon aus, dass Mädchen von ihnen erwarten, der Initiator und Aktivere von beiden zu sein, und obendrein auch noch die Situation voll im Griff zu haben. Das ist eine große Aufgabe, also legen sie sich vielleicht einen Schlachtplan zurecht, wie sie mit dir umzugehen haben und ziehen diesen, männlich wie sie sind, auch gnadenlos bis zum Ende durch. Denn sie haben vielleicht das Bild von Mädchen, die starke Männer wollen, die wissen, was abgeht. So kann es also sein, dass dich der tolle Typ vom letzten Wochenende mal eben vergewaltigt, weil sich in seinem kleinen, beschränkten Hirn die Idee eingefressen hat, dass »du heute gevögelt wirst, ob du willst ... natürlich willst du, oder?« Tja, eine Scheißsituation, wenn es dir nicht gelingt, deine Gleichberechtigung deutlich zu machen, denn dann nimmt sich der dreiste Typ, was er glaubt für sein armseliges Gebaggere zu verdienen. Hinterher ein Küsschen, ein Klaps auf den Po und die Vergewisserung, dass du auch wirklich die Pille nimmst.»... und tschüss!«

Du wirst damit zu kämpfen haben, solchen Möchtegern-Casanovas klar zu machen, was du möchtest und was du nicht möchtest. Doch dazu ist es dringend erforderlich, dass du genau das für dich bereits herausgefunden hast, sonst kommt es zwangsläufig zu Missverständnissen. Wenn du einem Jungen nicht ganz abgeneigt bist, kann dein entgegenkommendes Verhalten von ihm als intimes Interesse deinerseits gedeutet werden. Du sagst:»Ich finde dich ganz nett.« Und er versteht:»Ich will mit dir ins Bett!« So sind es unverständlicherweise die Mädchen, die

die unentwegt fordernden Jungen zu kontrollieren haben. Vielleicht findest du einen Jungen ja ganz nett und möchtest ihn nicht einfach abblitzen lassen, es ihm aber andererseits auch nicht zu leicht machen oder womöglich geht es dir einfach alles zu schnell.

Die typische Situation: Der Junge gibt ihr deutlich zu verstehen, dass er Lust auf sie hat und mehr möchte. Worauf sie mit einem »Nein!« antwortet. Na, Klasse! Ist das Nein ein »Nein!«? Oder ist das Nein eine Herausforderung an den Jungen? Will sie ihm damit sagen, dass sie nicht abgeneigt ist, aber noch etwas mehr umworben werden will oder nur mehr Zeit braucht? Oder will sie von ihm gar nichts wissen? Es ist in der Tat für einen Jungen nicht ganz einfach zu erkennen, welches Nein gemeint ist, sodass es hier nicht selten zu Missverständnissen kommt, die aber notfalls mit ein paar deutlichen Worten von dir geklärt sein sollten. Wenn du »Nein!« gesagt hast, dann bleib dabei und lass dich nicht von »Isch-liebe-Disch-isch-schwöre-ey«-Phrasen weich kochen. Du musst dich nicht rechtfertigen! Die Mädchen, die erst »Nein!« und im Anschluss an seine Beischlafbettelei dann genervt »Ja!« sagen, lehren diese unnachgiebigen Schleimer und Drängler, dass »Nein!« auch »Ja!« heißen kann. Mach deshalb immer gleich klar, dass »Nein!« bei dir »Nein!« heißt und nicht »vielleicht« oder »später« oder »klar, besorg's mir!«. Lass nichts einfach nur so über dich ergehen, weil du ihn nicht verlieren möchtest. Wenn du das machst, bescheißt du dich selbst. Und auch, wenn du den Wunsch hast, mit einem Jungen intim zu werden und ihr schlaft miteinander, heißt das nicht, dass du alles über dich ergehen lassen musst, nur weil du einmal »Ja!« gesagt hast. Du musst nichts, außer dir treu sein! Und wenn ihm das nicht passt, dann fehlt es ihm an Respekt und Liebe. Hast du so einen nötig?

Mach deshalb immer klar, dass »Nein!« bei dir auch »Nein!« heißt.

die schuldfrage

Ist ein Missbrauch geschehen, dann bleibt es nicht aus, dass von allerlei Leuten die Schuldfrage geklärt wird. Sie wird aber nicht nur vor Gericht geklärt werden, sondern auch vom »Rat der Weisen«, wie er an jedem Stammtisch, in jedem Wartezimmer, an jedem Kaffeetisch, in vielen öffentlichen Verkehrsmitteln und an jedem Arbeitsplatz tagt. Häufig wird mindestens auf Mitschuld des Opfers erkannt, weil es aufreizend gekleidet oder zu spät allein unterwegs war. Mädchen und Frauen wird gern vorgeworfen, in der Phase des Kennenlernens nicht genug dafür getan zu haben, dem Mann deutlich zu machen, was sie möchten und was nicht. Nicht nur Außenstehende, auch jedes Opfer wird sein Verhalten analysieren und dummerweise irgendwann zu dem Schluss kommen, dass wenn sie nicht ..., dann wäre nicht ... Es macht mich traurig, wenn ich mitbekomme, dass viele Opfer irgendwann selbst zu dem Schluss kommen, Schuld gewesen zu sein. Unsicherheiten bezüglich der Schuldverteilung entstehen, wenn Opfer unter dem Druck, der auf ihnen lastete, aktiv geworden sind und vielleicht versucht haben, durch schnelle Befriedigung des Täters ein rasches Ende der Demütigung herbeizuführen.

Sich Schuld zu geben heißt, sich Macht zu geben.

Sich Schuld zu geben heißt für ein Opfer auch sich Macht zurückzugeben. Sie sehen sich nicht mehr bloß als wehr- und hilfloses Opfer, das alles über sich ergehen lassen musste, sondern verschaffen sich rückwirkend mit der Schuldzuweisung eine gleichberechtigtere Rolle während des Geschehens. In dem Moment, wo ein Opfer sich selbst die Schuld für eine Tat gibt, kann man erkennen, dass eine Seele vergewaltigt, das Wundervolle an einem Menschen getötet wurde. Deshalb merke dir, egal wie du dich verhältst und was der Grund für dein Verhalten ist, dass du zwar zur Hälfte an der Beziehungsentwicklung beteiligt bist, du aber nie Schuld an einem Übergriff hast. Sorge dafür, dass Klarheit über deine Wünsche, Vorstellungen oder Bedürfnisse herrscht, denn du hast die Verantwortung für dich. Auf keinen Fall aber hast du die Verantwortung für einen Missbrauch oder eine Vergewaltigung. Und weil du für dich die Verantwortung übernimmst, hast du jederzeit das Recht, »Nein!« zu sagen! Werde unhöflich und laut. Zeig ihm, wie wütend du über seine Unverschämtheit oder Grenzverletzung bist. Mach ihm klar, dass bei dir Nein auch wirklich »Nein!« heißt.

Die Opfer, die sich nicht selbst – zumindest teilweise – Schuld geben, versuchen sich diese Unmenschlichkeit mit »Pech« zu erklären. Wichtig ist jedoch, gerade für die Prävention, dass du kapierst, dass es kein Pech gibt. Niemand hat einfach nur Pech. Nichts ist einfach nur Pech, auch eine Vergewaltigung nicht. Es sind äußere Umstände, die einen »Pech« haben lassen. Du als aktives und verantwortungsvolles Mädchen kannst aber Einfluss auf diese äußeren Umstände nehmen. Du kannst dein Verhalten ändern, du kannst deine Einstellung zu dir, deinen Mitmenschen und diesem Thema ändern. Es ist nicht leicht, sich aus diesem Schema zu befreien, denn »Pech zu haben« ist irrsinnig bequem. Es nimmt dir die Verantwortung für dich und dein Tun, du verlierst aber möglicherweise dabei auch dein Selbstbewusstsein.

Niemand hat einfach nur Pech.

das opfer

Das »typische« Opfer gibt es nicht.

Lass dir einige Fragen stellen: Wie alt muss ein Mädchen oder eine Frau sein, um sexuell belästigt oder sogar vergewaltigt werden zu können? Willst du es wissen? Nur wenige Monate alte Babys werden missbraucht. Sie sind nicht zu jung. Kleine Mädchen, die nicht mal wissen, dass es Sexualität gibt, werden vergewaltigt. Frauen im Rentenalter werden vergewaltigt. Sie sind nicht zu alt. Wie groß muss ein Opfer sein? Muss ein Opfer immer kleiner als der Täter sein? Sind Frauen über 1,90 m sicher vor sexuellen Übergriffen? Wie schwer ist die schwerste Frau, die jemals vergewaltigt wurde? Sind Opfer immer leichter als die Täter? Welche Hautfarbe hat das typische Opfer? Weiß? Schwarz? Rot? Braun? Gelb? Hat das Opfer immer die Hautfarbe des Täters? Welche Haarfarbe wirkt besonders anziehend auf Sexualstraftäter? Blond? Schwarz? Brünett? Rot? Und welche Frisur darf es sein? Sind Opfer immer heterosexuell veranlagt? Sind Lesben vor Vergewaltigung durch Männer sicher? Sind Opfer immer einem Typ Frau zuzurechnen, der es mit der Treue nicht so genau nimmt? Legen sie es etwa darauf an? Oder sind so genannte »Mauerblümchen« die typischen Opfer?

Es gibt wahrscheinlich unzählige Kriterien, nach denen wir ein potenzielles Opfer betrachten können, doch mit welchen Augen sehen die Täter Mädchen und Frauen? Was wäre, wenn herausgefunden würde, wie das typische Opfer aussieht. Rein statistisch gesehen. Wenn du in einer beiliegenden Tabelle ablesen könntest, dass du nur 4,2% Übereinstimmung mit diesem Mädchentyp hast, fühlst du dich deshalb sicherer? Willst du dich deshalb nur 4,2%ig schützen oder großzügig auf 5% erhöhen, um auch ganz sicher zu gehen, dass dir nichts passiert? Was sagt schon eine Statistik aus? Was hilft dir eine Statistik, wenn du betroffen bist? Eine Statistik interessiert in diesem Fall einen Scheiß, denn du bist immer zu 100% betroffen, wenn der Kerl mit seinem Schwanz in der Hand über dir steht. Du bist und bleibst ein weibliches Wesen und somit bist du ein potenzielles Opfer, egal wie du aussiehst, was du anhast, wie alt du bist, wo du wohnst und was du für Hobbys hast. Glaubst du, der Täter lässt sich von einer Vergewaltigung abhalten, weil du deine Frisur nicht hip und deine Brüste nicht hop genug findest? Du solltest nicht vergessen, dass dem Täter Äußerlichkeiten wahrscheinlich völlig egal sind.

Dann bleibt dir nur noch die Möglichkeit, über dein Verhalten die Wahrscheinlichkeit, ein Opfer zu werden, in deinem Sinne zu beeinflussen. Mach dir aber deshalb das Leben nicht zur Hölle, indem du versuchst, 100%ige Sicherheit zu erlangen. Das kannst du nämlich nicht. Bleib ein Mensch mit Spaß am Leben und vergiss nicht: Ein Restrisiko wird es immer geben! Du kannst nie ausschließen, dass du ein Opfer wirst. Bestenfalls ist es nicht sehr wahrscheinlich, aber es wird nie unwahrscheinlich sein. Deshalb: Minimiere das Risiko und lerne das Restrisiko möglichst gut zu beherrschen!

Lerne das Restrisiko möglichst gut zu beherrschen!

der täter

Wer ist er? Ein Mythos, der nur langsam ausstirbt, ist die Gefahr, die vom großen Unbekannten ausgeht. Er ist es, der von Zeit zu Zeit spektakulär durch die Medien geistert. Die Angst vor dem Fremden ist fast allgegenwärtig. Jede fürchtet die Vergewaltigung durch einen Fremden, da sie unkalkulierbar erscheint und häufig sehr gewalttätig vonstatten geht. Aber die wenigsten Straftaten gehen auf sein Konto. Viel öfter ist der Freund oder Verwandte, nicht selten der eigene Vater, Stiefvater, Onkel oder Großvater der größte Vergewaltiger und Schänder.

Deshalb möchte ich, dass du zunächst jeden Jugendlichen und jeden Erwachsenen männlichen Geschlechts als potenziellen Täter siehst. Ich sage damit nicht, dass jeder Mann ein Vergewaltiger ist. Aber du bist zumindest auf alles vorbereitet. Und du musst dich hinterher, nach einem Versuch, nicht fragen: »Wie konnte gerade *er* mir das antun?« oder »Was hab ich *ihm* denn getan?«, denn du weißt jetzt, dass im Grunde jeder Junge und jeder Mann ein Täter sein kann, auch wenn du ihm noch so vertraut hast.

Jeder Junge und jeder Mann kann ein Täter sein.

Der gefährlichere Täter hält sich also im Freundes-, Bekannten- und Verwandtenkreis auf. Er nutzt meist das Vertrauen oder die Sympathie, die das Opfer ihm entgegenbringt, damit das Mädchen einen Missbrauch über sich ergehen lässt, ohne sich zu wehren. Andere erreichen das gleiche Ziel durch Ausspielen ihrer Macht oder Autorität. Je besser sich Opfer und Täter kennen, desto geringer ist das Ausmaß körperlicher Gewalt, das der Täter gegen das Opfer richten muss, um sein Ziel zu erreichen. Häufig reichen die oben genannten »Abhängigkeiten« auch aus, um das Opfer für sehr lange Zeit zum Schweigen zu zwingen. Wenn der Täter merkt, dass er es fest in seinen schmierigen Händen hat, wird er wieder und wieder auf sein leicht verfügbares Opfer zurückgreifen. Mit jedem Missbrauch sinkt das Selbstwertgefühl des Opfers und das Gefühl der Machtlosigkeit nimmt drastisch zu, sodass nicht wenige den Selbstmord als Ausweg in Erwägung ziehen. Viele sehen sich nicht in der Lage, persönliche und/oder juristische Konsequenzen zu ziehen, da sie sich wertlos und schwach fühlen. Zu groß erscheint die Macht der Druckmitteltrias, die sich aus körperlicher Gewalt, psychischer Gewalt und der Knebelung durch Geheimnisse, die das Schamgefühl des Opfers ansprechen, zusammensetzen.

Vielleicht hat es der Täter auch schon geschafft, dem Opfer Schuldgefühle einzureden. Er wirft seinem Opfer vor, verführt worden zu sein. Ohne Zweifel ist der Missbrauch durch einen Fremden, der sich meist mit körperlicher Gewalt sein Opfer gefügig macht, ein schreckliches und nachhaltiges Erlebnis, doch ist es im Schutze der Familie leichter zu verarbeiten, als ein Missbrauch, der in vertrauter Umgebung und durch vertraute Personen begangen wird. Sehr wahrscheinlich vermutest auch du nicht, dass so etwas in deinem persönlichen Umfeld passiert. Du vertraust und fühlst dich sicher, was ohne Zweifel ganz natürlich ist. Aber wusstest du, dass jedes dritte Mädchen im Laufe seines Lebens Missbrauchserfahrungen macht? Wusstest du, dass mehr als zwei Drittel der Missbräuche im persönlichen Umfeld geschehen? Vermutest du einen solchen Drecksack in deinem Umfeld? Was glaubst du, wie viele leben in deinem Wohnort? Sind es in anderen mehr? Die Antworten sind pure Statistik.

Du solltest wissen, warum ein Mann so etwas tut. Es ändert für dich in der konkreten Bedrohungssituation rein gar nichts! Wissenswert ist es dagegen, warum ein Mann so etwas tut. Vielleicht hilft es Opfern bei der Verarbeitung des Geschehens. Ich möchte, dass du versuchst, eine Vorstellung von dem zu bekommen, was in einem Täter vorgeht. Ich möchte, dass du ihre möglichen Beweggründe kennen lernst, denn es ist gut zu wissen, worum es dem Täter geht, um deine Interessen besser gegen ihn durchsetzen zu können. Ich möchte, dass du weißt, dass ich nichts verharmlosen und erst recht nichts zu entschuldigen versuche.

typ 1: der aggressive vergewaltiger

Diesem Täter geht es nicht vorrangig um Sexualität, sondern darum zu erleben, dass er Macht über dich hat, dass er dich demütigen kann. Er ist ein Macho, nicht unattraktiv und häufig auch kontaktfreudig. Das Maß an Gewalt, was er anwendet, überschreitet bei weitem das Minimum, was nötig wäre, um dich gefügig zu prügeln oder zu würgen. Er möchte seine Überlegenheit und seine »Männlichkeit« bestätigt sehen. Das Opfer steht für ihn stellvertretend für eine andere Frau oder Frauen allgemein. Der Täter hat also gegen dich persönlich überhaupt nichts.

Auch in einer festen Beziehung kann er seine Machtgefühle demonstrieren, indem er seine Partnerin missbraucht oder vergewaltigt. Viele Mädchen und Frauen werden zu unangenehmen Stellungen oder Sexualpraktiken, wie Oral- oder Analverkehr, gezwungen. Beides ist bei Nichtgefallen besonders demütigend und schmerzhaft und das weiß er auch.

typ 2: der sadistische vergewaltiger

Der Sadist ist sexuell abartig. Ihm geht es darum, dich mit Gewalt zu überwältigen und deinen Widerstand durch Schmerz zu brechen. Die Vorstellung, wie du unter ihm leidest, erregt ihn sexuell. Liebe und Vertrauen haben für ihn keinerlei Bedeutung. Alles, woran er sich erfreuen kann, ist in der Welt des Materiellen zu finden. Grausamerweise gehören für ihn auch Tiere und Menschen zu den materiellen Dingen in seiner Welt und so geht er auch mit ihnen um.

typ 3: der soziopatische vergewaltiger

Entweder fehlt ihm sein Unrechtsbewusstsein ganz oder es ist zumindest unterentwickelt. Alles, was du tust oder sagst, wird er irgendwie so auslegen, dass er in seinem irrigen Glauben, du wärst scharf auf ihn, bestätigt wird. Irgendwann steht der Typ, den du vielleicht gar nicht oder eher oberflächlich kennst, vor dir und möchte dein »Angebot« wahrnehmen. Er ist der typische vergewaltigende Klassenkamerad oder Kollege, sehr berechnend und vorausschauend. Er arrangiert ein Treffen bei dir oder bei sich in der Wohnung. Er wird dir Übelstes androhen, er wird dir vielleicht sogar eine Waffe vor die Nase halten und dosiert

Gewalt anwenden. Er ist aber zu schlau, um dich ernsthaft zu verletzen, da er dir im Falle eines Prozesses damit Beweise gegen sich verschaffen würde. Du solltest dich also auf jeden Fall sofort wehren. Er hat die Waffe nicht, weil er dich umbringen, sondern weil er dich einschüchtern will und keine anderen Druckmittel gegen dich in der Hand hat.

typ 4: der sexuelle vergewaltiger

Dieser Mann lauert dir auf. Entweder wartet er an einem abgelegenen Ort, wie einer Parkanlage, einem Hinterhof oder in menschenleeren, öffentlichen Gebäuden oder er sucht dich als Opfer aus und verfolgt dich so lange, bis du an einen für ihn günstigen Ort kommst. Der Täter, vom Typ Mitleid-erregender-Waschlappen, wendet nur so viel Gewalt an, wie er braucht, um dich gefügig zu machen. Ihm geht es nur darum, sich an dir sexuell abzureagieren. Sein Erscheinen ist eher überfallartig, aber nicht ungeplant. Meist checkt so einer dich vorher kurz ab. Er fragt dann nach Geld, der Uhrzeit, Feuer oder dem Weg und entscheidet dann, ob du sein Opfer bist. Und dieser Vergewaltiger sucht wirklich ein Opfer, keine Gegnerin. Er ist der Typ, vor dem alle Angst haben, der große Unbekannte.

Es sollte dich stutzig machen, wenn ...
- ... ein Typ sich für Macht begeistern kann (Waffen, Uniformen, Kampfhunde, PS-starke Autos, Pornografie).
- ... er in jeglicher Hinsicht über dich bestimmen will und für dich mitdenkt und entscheiden will.
- ... er es nicht ertragen kann, dass du deinen eigenen Kopf hast.
- ... er versucht, dich aus deinem Freundeskreis herauszulösen.

Wenn du so einen Typen kennen gelernt hast, solltest du sehr stark auf deine weibliche Intuition vertrauen und auch auf Meinungen von anderen hören, die vielleicht nicht die Welt durch deine rosarote Verliebten-Brille sehen! Über die Intuition nimmt ein Schutzengel Verbindung zu seinem Schützling auf. Du solltest ihm deine Aufmerksamkeit schenken, denn seine Stimme ist oft nur leise. Mach dir klar, dass es völlig scheißegal ist, was du für einen Eindruck bei dem Typen, deiner besten Freundin, deinen Eltern oder sonst wem hinterlässt, wenn du dich gemäß deiner Intuition gegen den Typen entscheidest. Hörst du den empörten Satz: »Mach dich doch nicht lächerlich!«? Ich sage dir: »Mach es!« Wenn dir irgendetwas nicht geheuer ist, dann sieh zu, dass du in Sicherheit, unter Menschen kommst und verabschiede dich von dem Alptraumtypen. Es ist leichter einen Typen in der Disco stehen zu lassen, als ihn von dir runterzuschlagen, wenn er dich, wie befürchtet, missbrauchen oder sogar vergewaltigen will.

Hör auf die Stimme deines Schutzengels.

Ein Vergewaltiger braucht immer:
① ein Opfer, das heißt, ein Mädchen, das nicht den Mut hat, ihm zu widersprechen und klipp und klar »Nein!« zu sagen.
② Zeit, die er gut eingeplant hat.
③ einen ruhigen Ort, an dem er sich entweder schon mit dem Mädchen befindet, an den er es lockt oder wo er es hinbringt.

Zusammenfassung und Tipps:
- Täter haben ihre Tat meist geplant.
- Sie benötigen immer ein Opfer, Zeit und einen ruhigen Ort.
- Sie hassen die Aufmerksamkeit Dritter.
- Eine Vergewaltigung ist kein unabwendbares Schicksal, sondern eine Entwicklung nach Plan.
- Die Entwicklung zur Vergewaltigung lässt sich in jedem Stadium abbrechen.
- Vergewaltiger sind gewissermaßen Perfektionisten. Das heißt: Verhält sich das Opfer nicht wie ein Opfer, fehlt es an Zeit, ist der Ort nicht ruhig genug oder wird gar nicht erst erreicht, nimmt der Täter fast immer Abstand von seinem Vorhaben.

Verhaltenstipps zur Verteidigung

- Schaffe Blickkontakt.
- Weise den Täter immer frühzeitig und eindeutig zurück.
- Biete ihm vor der Vergewaltigung an, bis hierher alles zu vergessen, wenn er dich laufen lässt. Mach ihm klar, dass bis jetzt noch keine Straftat geschehen ist.
- Stell eine Beziehung zwischen seiner Tat, dem Wort »Vergewaltigung« und dem Wort »Straftat« her.
- Mach dem Täter klar, dass du ein Mensch bist, nenn deinen Vornamen, frag ihn nach seinem Vornamen, nicht nach seinem Nachnamen!
- Hast du keine Zeit oder nicht den Nerv mit dem Typen erst zu reden, dann stampf ihn ein, wenn es sein muss.

- Beleidige, beschimpfe und bedrohe den Täter nie, außer du hast dich für eine ultimative Gegenwehr entschieden.
- Lass dich nicht fesseln oder betäuben, sondern setz dich spätestens jetzt zur Wehr.
- Lässt dich der Typ gehen, dann sorge dafür, dass er das Gefühl hat, hochanständig gehandelt zu haben. Drohe nicht mit einer Anzeige, schnapp dir deine wichtigsten Sachen und sieh zu, dass du wegkommst.

es ist nie zu spät, sich zu wehren!

Ist es dir nicht gelungen, deine Vergewaltigung zu verhindern, gibt es auch jetzt noch keinen Grund, dich in dein Schicksal zu ergeben. Du wirst sinnvoll entschieden haben, wenn du dich noch nicht verteidigt hast. Es kann sein, dass es äußere Umstände gab, die eine Verteidigung nicht zuließen. Die Vergewaltigung an sich ist ein guter Zeitpunkt, um sich nun körperlich zur Wehr zu setzen, da der Täter unaufmerksam ist. Jetzt ist häufig auch der Zeitpunkt gekommen, an dem Täter die Waffe weglegen, da sie glauben, ihr Ziel erreicht zu haben. Was sie nicht begriffen haben ist die Tatsache, dass die Vergewaltigung ein Vorgang ist, der jederzeit abgebrochen werden kann.

Eine Vergewaltigung gliedert sich aus dem Erleben des Vergewaltigers, für ihn aber unbewusst, in fünf Phasen:

1. Die Planung der Vergewaltigung, das »Ausfantasieren« der Tat und die Auswahl des Opfers sind der Ausgangspunkt.
2. Die Kontaktaufnahme mit dir ist der nächste Schritt, aber der erste, der dich direkt betrifft und den du beeinflussen kannst, denn die Kontaktaufnahme kann auch ein Teil der Opferauswahl sein. Nämlich dann, wenn er durch kleine Tests sein Opfer auf die Opfertauglichkeit hin prüft. In dieser Phase kannst du schon durch die richtige Einstellung und Ausstrahlung eine bevorstehende Vergewaltigung im Keim ersticken.
3. Das Gefügigmachen des potenziellen Opfers durch einen psychischen und/oder gewalttätigen Machtkampf. Der Täter ist in dem Glauben, dass sich jetzt entscheidet, ob er dich besiegt hat und du dich anstandslos als Verliererin deinem Schicksal und ihm ergibst. Lass ihm seinen Glauben, aber du solltest dich nicht aufgeben.

Nie! Wehr dich! Je eher du es schaffst, dass der Typ von dir ablässt, desto weniger vergeht er sich an dir und desto geringer ist für ihn die Notwendigkeit, eine Tat zu vertuschen und ein Opfer zum Schweigen bringen zu müssen.

4. Die eigentliche Vergewaltigung ist für den Täter das Ziel seiner Träume und für das Opfer leider meist der Punkt, an dem es vor Angst und Ekel resigniert. Gib dich nicht auf! Ich gebe dir Recht, wenn du sagst, dass nun eine Vergewaltigung nicht mehr verhindert werden kann. Das stimmt, aber du solltest in deinem Interesse versuchen, dich zumindest vor Krankheiten oder ungewollter Schwangerschaft zu schützen. Der Täter ist gerade dabei, deinen Körper zu vergewaltigen. Lass nicht zu, dass er auch deine Seele vergewaltigt. Du gibst nicht auf! Nie! Konzentriere dich nicht darauf, wie Ekel erregend, schmerzvoll und entwürdigend alles ist, sondern versuche dich darauf zu konzentrieren, wie du den Drecksack aus dir und von dir und in die Hölle seiner größten Schmerzen katapultieren kannst. Du weißt wie und du bist entschlossen genug! Leg dein Schicksal nicht in seine schmierigen Hände.

Gib dich nicht auf! Nie!

Ist der Täter übermächtig, dein Wille zum aktiven Widerstand gebrochen oder der Täter einfach so auf seine Sicherheit bedacht, dass er dich gefesselt hat, dann triff die Vorbereitungen dafür, dass er nicht ungestraft davon kommt. Tausche Beweisstücke aus. Nimm dir eine Hautprobe von ihm unter deinen Fingernägeln mit. Lass etwas von dir in seinem Auto oder in seiner Wohnung. Das kann Schmuck von dir sein, Haare oder ein Knopf. Versuch im Austausch etwas aus seinem Auto oder der Wohnung mitzunehmen. Merk dir Einzelheiten der Örtlichkeit, an der du dich befindest. Konzentriere dich auf den Täter und sammle unauffällig Erkennungsmerkmale, die es dir erleichtern, ihn zu identifizieren, und die es der Polizei erleichtern, überhaupt nach ihm zu fahnden. Dies solltest du unauffällig tun, damit er nicht das Gefühl bekommt von dir wieder erkannt werden zu können.

5. Der Täter hat einen Orgasmus bekommen. Jetzt ist es ein guter Moment, mit ihm erneut darüber zu reden, ob er dich nicht gehen lassen will. Nach einem Orgasmus werden Männer wieder klarer im Kopf, ihr »Sexrausch« ist etwas abgeklungen und sie sind der Realität wieder etwas näher. Ein Anflug von Mitleid ist bei vielen zu beobachten. Sie sagen, dass sie es gar nicht wollten und dass es ihnen Leid tue. Diese Gefühlsschwankung solltest du ausnutzen. Vermeide es, dem Täter Schuldgefühle einzureden oder ihm eine ausweglose Situation zu schildern, in die er sich mit der Vergewaltigung gebracht hat. Gib dich so harmlos wie möglich, aber gib dich nicht auf. Nie! Sag ihm, dass du wüsstest, dass eine Anzeige gegen Unbekannt wahrscheinlich keinen Erfolg habe und du nur schnell vergessen wolltest. Sag ihm, dass dir sowieso niemand glauben würde, weil du ja gar keine Verletzungen hättest. Bitte ihn, nichts deinem Freund oder gemeinsamen Bekannten zu sagen und erkläre ihm, dass die Sache ein Geheimnis bleiben müsse. **Gib ihm einfach das Gefühl, dass von dir keinerlei Gefahr ausgeht,** dass es in deinem Interesse ist, wenn nichts weiter passiert. Oder du machst dem Ganzen gewaltsam ein Ende. Denn wenn es ganz dumm läuft, wird er dich nochmals vergewaltigen. Du gibst nicht auf. Nie! Der Täter hat dich aufs Übelste und menschenunwürdig behandelt, aber er hat dich nicht besiegt, solange du dich nicht aufgibst. Ich bin mir sicher, dass du bis hierhin völlig korrekt gehandelt hast, denn du lebst und du hast es in der Hand, den nächsten Schritt einzuleiten.

Die aktive Verarbeitung des Geschehenen ist sehr wichtig. Die Vergewaltigung dauert wenige Minuten oder Stunden, vielleicht auch Tage, aber sie endet irgendwann. Deutlich länger dauern die seelischen Leiden des Opfers an. Vergewaltigungsopfer fühlen sich häufig gedemütigt und beschmutzt, ihr Vertrauen in die Menschheit ist zutiefst erschüttert und das Schlimmste ist, dass sich viele Opfer selbst die Schuld an ihrer Vergewaltigung geben. »Wenn ...« und »Hätte ich ...« zerfressen das Hirn und geißeln die Seele zusätzlich. Viele Opfer kommen zu der falschen Erkenntnis, dass sie wertlos seien und keinerlei Rechte hätten. Du gibst nicht auf. Nie! Auch jetzt gibst du dich nicht auf, denn spätestens jetzt ist es an dir, für deine Rechte, deine Gesundheit und dein Wohlergehen einzutreten. Bis hierher hast du durchgehalten und richtig gehandelt. Du lebst. Du bist ein wertvoller Mensch, dem Unrecht widerfahren ist und der das Recht hat, dieses Unrecht anzuklagen.

Dich trifft keine Schuld.

Darauf solltest du bei einem Täter achten:

❶ Wie nimmt der Täter Kontakt mit dir auf? Wann und wo hast du ihn das erste Mal gesehen?

❷ Welches Druckmittel setzt er gegen dich ein? Mit was droht er bei Verweigerung oder Fluchtversuch? Wie setzt er Gewalt ein? Hat er eine Waffe?

❸ Welche sexuellen Handlungen nimmt er an dir vor? Welche Wünsche äußert er? Bringt er eine Erektion zustande? Braucht er besonders lange, bis er fertig ist, oder geht es sehr schnell? Hat er es auf einen bestimmten Körperteil von dir abgesehen? Musst du bestimmte Kleidung tragen? Verlangt er von dir, bestimmte Sachen zu machen?

❹ Hast du das Gefühl, dass er dich bewundert oder eher verachtet? Wie redet er mit dir? Schreit oder flüstert er? Drückt er sich gewählt aus oder wirft er mit Fäkal-

und Kraftausdrücken um sich? Gibt es bestimmte Worte, die er von dir hören will?

❺ Wie sieht der Typ aus? Größe, Gewicht, Alter, Nationalität, Haar- und Augenfarbe, Frisur, Bart, Augenfehler, Narben, Behinderungen, Leberflecken, Tatoos, Piercings, Quantität und Qualität seiner Zähne, Körpergerüche oder Pflegemitteldüfte, Kleidung oder Vermummung, grobe oder feine Hände, gepflegte oder abgefressene Fingernägel, all das ist von Interesse, wenn es um die Identifikation des Täters geht.

eine frage der definition

Nicht jeder Übergriff ist eine Vergewaltigung

Die Vergewaltigung ist einer der furchtbarsten Übergriffe, den man einem Menschen antun kann. Du weißt, dass es dir passieren kann, und du weißt, vor wem du dich in Acht nehmen solltest. In diesem Kapitel möchte ich dir aufzeigen, welche Gesichter der sexuelle Übergriff noch haben kann. Häufig ist den Opfern gar nicht klar, welche Formen ein sexueller Übergriff annehmen kann. Sie fühlen sich unwohl und wissen nicht so recht, warum. Sie erleben Männer, deren Verhalten irgendwie gewöhnungsbedürftig – STOPP!
Du hast dich nicht an sexuelle Übergriffe zu gewöhnen! Darum möchte ich deine Aufmerksamkeit auch auf die Verhaltensweisen lenken, die durchaus als sexuelle Übergriffe gewertet werden können, die aber nicht so deutlich sind, wie eine Vergewaltigung. Für den Fall, dass du dich belästigt fühlst, habe ich dir Handlungsweisen aufgezeigt, die geeignet sind, dich angemessen zur Wehr zu setzen.

Ein sexueller Übergriff kann viele Formen annehmen.

glotzen

Sicher ist es dir auch schon passiert, dass du das Gefühl hattest, da glotzt dich einer blöd oder gierig an. Was hast du damals gemacht? Trägst du jetzt nur noch weite Klamotten? Vermeidest du körperliche Bewegung in Gegenwart von Jungen und Männern? Das kann den Glotzern durchaus den Spaß verderben, aber ich denke, dass deine Lebensqualität nicht unerheblich darunter leidet. Zeig Selbstbewusstsein. Freu dich, dass dein Körper ein Hingucker ist, aber zeigt auch, dass dir das Geglotze aufgefallen ist. Wenn sie merken, dass ihr Geglotze aufgefallen ist, werden sie es peinlichst vermeiden, noch einmal unverschämt deutlich zu dir zu schauen. Falls nicht: Sag klar und deutlich, dass dir das nicht passt.

Wenn du den Täter zur Rede stellst, sollte das so aussehen:

❶ Sag ihm laut, mit fester Stimme und für andere hörbar, was er gerade gemacht hat.
❷ Kritisiere sein Verhalten deutlich.
❸ Sag ihm klipp und klar, was er tun oder lassen soll. Lenke dabei aber nicht die inhaltliche Aufmerksamkeit auf dich, indem du sagst: »Ich möchte nicht, dass ...«, sondern sag ihm, was du von ihm erwartest: »Lassen Sie sofort ...«. Es geht um *sein* Fehlverhalten, also sollte ihm auch die inhaltliche Aufmerksamkeit gelten. Du solltest es anstreben, dass auch andere diesen Zwischenfall mitbekommen.

spannen

Der Spanner bedeutet keine Gefahr für Leib und Leben.

Dem Spanner (vornehm »Voyeur« genannt) kommt es darauf an, viel nackte Haut oder noch besser sexuelle Handlungen von dir zu beobachten. Dass er dies heimlich tut, steigert seine sexuelle Erregung. Er bedeutet keine Gefahr für Leib und Leben, dennoch trägt das Gefühl, beobachtet zu werden, nicht zum Wohlbehagen bei. Schon gar nicht, wenn du dich auch zu Hause nicht mehr sicher fühlen kannst und alle Fenster verhängen musst. Überall, wo du dich nackt bis spärlich bekleidet zeigst, kann ein solcher Spanner anwesend sein und dich beobachten. Schwimmbad, Sonnenwiese, Sauna, Schlaf- oder Badezimmerfenster sind für ihn ideale Betätigungsfelder. Das Gucken ist aber nur ein Teil der Spannertätigkeit. Das, was er sieht, erregt ihn so sehr, dass er es oft nicht unterlassen kann, Hand an sich zu legen und die Situation in seiner Phantasie zu einem sexuellen Erlebnis weiterzuspinnen.

Bemerkst du also, wie sich in deiner Gegenwart jemand einen runterholt, schaff sofort eine große Öffentlichkeit, das ist wichtig. Zeig auf ihn. Ruf Menschenmassen zusammen: »Das Schwein onaniert hier, schaut euch den armen Wichser mal an!« Lass es für ihn so richtig peinlich werden. Kannst oder möchtest du das nicht, dann verständige sofort und unauffällig Aufsichtspersonal oder die Polizei, aber tu was!

flitzen

Der Flitzer, bzw. Exhibitionist, ist ein weiterer Täter, der zunächst einmal nicht gefährlich für Leib und Leben ist. Dennoch begeht er eine strafbare Handlung. Dem Täter geht es darum, bei seinem Opfer eine Wirkung zu erzielen. Er will eine Reaktion. Die kann von Bewunderung über Interesse bis Entsetzen reichen. Er schafft eine Situation, in der er überraschend vor dir auftaucht und dir seinen erigierten Penis zeigt. Die meisten Flitzer onanieren währenddessen, häufiger aber danach. Eine andere Variante ist, dass er im Auto umher fährt und dich nach dem Weg fragt. Trittst du dann ahnungslos an das Auto heran, um ihm Auskunft zu geben, präsentiert er dir dann seinen »ganzen Stolz«. Seinen Höhepunkt erreicht der Typ meist erst, wenn die Aktion gelaufen ist, wenn er von dir eine Reaktion bekommen hat, wenn er dich beeindrucken konnte. Die Reaktion des Opfers schafft zusätzliche Erregung und macht das abnorme Unterfangen für ihn vollkommen. Der Exhibitionist erlebt in diesen Momenten und danach eine Euphorie und ein Gefühl von Macht dem Opfer gegenüber. Typischerweise bleibt der Täter auf Distanz und nähert sich nur sehr selten sexuell oder gewalttätig. Einen Strich durch die Rechnung kannst du ihm machen, indem du echte Teilnahmslosigkeit signalisierst. »Echt« heißt kein gekünsteltes Lachen, kein demonstratives Wegsehen und kein überheblich bis mitleidiger »Ist-das-alles?«-Blick. Vielmehr solltest du ihn ganz gelangweilt übersehen. Vermeide es ihn zu beschimpfen, zu beleidigen oder auszulachen. Jeder Mann, auch ein Exhibitionist, ist empfindlich, wenn es um seinen kleinen Wurm geht. Es sind schon Frauen umgebracht worden, weil sie sich über sein kleines, krummes Ding lustig gemacht haben. Wie ein Mann auf solche Beleidigungen reagiert, ist schwer zu sagen. Also, einfach gelangweilt übersehen. Und wenn du es dabei noch schaffst, dir sein Gesicht einzuprägen, seine Körpergröße zu schätzen, dir seine Haarfarbe zu merken, auf seine Kleidung, Narben, Tatoos und Piercings zu achten, dann hilft das der Polizei, den Typen eher zu schnappen. Es hilft dem Gericht, ihn nach § 183 StGB zu bestrafen und vor allem hilft es dir, dich ganz cool auf das Wesentliche zu konzentrieren. Ist der Flitzer mit einem Auto unterwegs, dann merke dir Typ, Farbe und – wichtig – Kennzeichen des Wagens. Also, kühlen Kopf bewahren!

Du solltest auf jeden Fall Anzeige erstatten. Du wirst dich wahnsinnig erschrecken und ekeln, aber dir wird nichts passieren. Sind andere Menschen in der Nähe, dann schaff sofort eine große Öffentlichkeit. Zeig auf den Mann und ruf den anderen zu, dass da einer ist, der seinen Penis herausgeholt hat. Auf jeden Fall solltest du Anzeige erstatten, auch wenn dich die ganze Sache eher kalt gelassen hat. Wird der Typ nämlich nicht verfolgt, wird er auch nicht geschnappt und erschreckt vielleicht kleine Mädchen oder Frauen, die so etwas nicht so gut verkraften. Tu bitte alles dafür, damit ihnen das erspart bleibt. Außerdem hat sich herausgestellt, dass einige Vergewaltiger ihre »Karriere« als Exhibitionisten begonnen haben. Je eher dieser Typ also bei Polizei und Ärzten bekannt ist, desto schneller kann ihm das Handwerk gelegt werden. Sollte dir der Typ allerdings unerwarteterweise bedrohlich nahe kommen, dann wehr dich!

> **Kleine Übung**
> *Um dich daran zu gewöhnen und darauf zu trainieren, in der Öffentlich laut zu werden, kannst du mit Freundinnen das »Lauterspiel« spielen. Ihr legt eine Reihenfolge fest und die Erste sagt leise ein Wort ihrer Wahl. Innerhalb von 2 Minuten muss die Zweite dieses Wort wiederholen, aber lauter als die Erste. Zwischendurch könnt ihr euch ganz normal unterhalten. Dann ist die Dritte dran, das gewählte Wort lauter als ihre Vorgängerin zu sagen, zu rufen oder zu brüllen. Interessant ist es, wenn ihr das Spiel in Situationen oder an Orten spielt, wo sich sowas eigentlich nicht gehört. Verloren hat, wer seine Vorgängerin nicht übertönen kann. Was muss die Verliererin machen? Denkt euch was aus.*

telefonterror

Eine Mischung aus Voyeurismus und Exhibitionismus auf akustischer Ebene ist der obszöne Anruf. Wobei *der* obszöne Anruf nicht existiert, denn es gibt unterschiedliche Erscheinungsformen.
Wenn du merkst, dass sich keiner meldet oder jemand dummes Zeug erzählt oder stöhnt, sagst du nichts und legst den Hörer einfach wieder auf. Wenn dir das zu nervig ist, dann kannst du mit den Leuten, die du kennst, Klingel-

zeichen ausmachen. Sag ihnen, dass sie es ca. 15 Sekunden vor dem eigentlichen Anruf zwei bis dreimal klingeln lassen sollen.

Du kannst auch einen Anrufbeantworter vorschalten. So vermeidest du direkten Telefonkontakt mit unerwünschten Anrufern und hörst, bevor du dran gehst, mit wem du es zu tun hast. Stell dich aber schon mal drauf ein, dass der Anrufbeantworter oft bis zum Letzten vollgestöhnt und beschimpft wird.

Eine Geheimnummer kann sinnvoll sein. Eine Lösung, die zwischen 60 und 90 DM kostet, ist die Geheimnummer (Antrag bei der Telekom). Sag jedem, der die Nummer bekommt, noch mal ausdrücklich, dass er sie nicht weitergeben soll. Wer dich anrufen will, soll sich die Info von dir persönlich geben lassen. Schreib dir auf, wem du die Nummer gegeben hast, dann kannst du bei unrechtmäßiger Weitergabe eventuell den Weg zurückverfolgen. Diese Geheimnummer steht weder im Telefonbuch, noch ist sie über die Auskunft zu erfragen und folglich steht sie auch nicht in den CD-Rom-Verzeichnissen.

Die Telekom hält außerdem noch verschiedene andere Möglichkeiten parat, sich abzuschirmen oder aber über eine Fangschaltung den oder die Nervbolzen ausfindig zu machen.

Diese Vorsichtsmaßnahmen haben sich unter raffinierten Belästigern schon rumgesprochen. Womöglich wird dich der Widerling nicht direkt anstöhnen oder beschimpfen, sondern in ein Gespräch verwickeln, z.B. indem er angibt eine Umfrage zu machen. Gerne wird eine Situation geschaffen, in der sich der Täter als Autoritätsperson (Arzt, Polizist, Interviewer für ein Wissenschaftliches Institut) ausgibt und das Opfer ehrfürchtig jede Frage beantwortet. Das Gespräch wird dann irgendwann unbemerkt beim Thema Unterwäsche, Bett oder Sexualpraktiken angelangt sein. Das kommt vielen komisch vor, aber aufgelegt wird trotzdem nicht. Aufwachen! Das ist sexuelle Belästigung vom Allergemeinsten. Leg auf, sobald dir etwas spanisch vorkommt oder sofort, wenn du jemanden in der Leitung hast, den du nicht kennst und von dem du nichts erwartest.

direkte sexuelle belästigung und nötigung zu sexuellen handlungen

Es gibt unzählige Situationen und kein Universalrezept, wie du dich verhalten solltest, wenn dich einer auf deine Figur anspricht, dich einfach anmacht, oder dich scheinbar zufällig im Schwimmbad unter Wasser an den Brüsten berührt. Hat sich schon mal einer in Bus oder Bahn an dir gerieben oder ist dir in einem Geschäft so dicht auf die Pelle gerückt, dass du ihn durch die Klamotten noch gespürt hast? Wurdest du vielleicht sogar zu sexuellen Handlungen, die durchaus einen erpresserischen Charakter annehmen können, aufgefordert? Fallen dir andere Situationen ein, in denen du dich nicht wohl gefühlt hast? Was genau sind sexuelle Handlungen? Das sind alle sexuellen Praktiken, die zur sexuellen Erregung des Täters führen oder diese befriedigen. Auf die Situation zugeschneiderte Tipps kann ich dir hier leider nicht geben. Allgemein kann ich nur sagen, dass du dich gemäß des Notwehrrechtes wehren solltest, wenn du in Gefahr bist. Dein Körper gehört dir! Niemand hat das Recht dich zu betatschen! Du darfst jedem sagen, dass er das lassen soll. Und dabei spielt es überhaupt keine Rolle, wie alt der Typ ist, was für einen Beruf er hat, wie gut er dich oder deine Eltern kennt und wie böse er auf dich ist, wenn du ihm das verbietest. Du entscheidest für dich ganz allein und jedes Mal aufs Neue, ob du bestimmte Berührungen magst oder ob sie dir unangenehm sind. Hör nicht auf Sätze wie: »Ist doch nicht schlimm!« oder »Tut doch nicht weh!«. Du darfst »Nein«

Dein Körper gehört dir! Niemand hat das Recht, dich zu betatschen!

sagen! Zu jedem und jeder Zeit! Und du solltest die Sache auch nicht geheim halten, selbst dann nicht, wenn er es will. Rede mit anderen darüber und sieh zu, dass die Sache bekannt wird. Wenn du dir allein gelassen vorkommst oder hilflos, wenn es eine Situation gibt, die sich regelmäßig wiederholt, dann such Hilfe bei entsprechenden Organisationen (siehe Seite 118ff).

Wenn du jemanden direkt zur Rede stellst, sollte das in etwa so aussehen:

❶ Sag ihm laut, mit fester Stimme und für andere hörbar, was er gerade gemacht hat.
❷ Kritisiere sein Verhalten deutlich.
❸ Sag ihm klipp und klar, was er tun oder lassen soll.
❹ Wechsle anschließend sofort das Thema und rede über etwas Neutrales (Schule/Beruf).

Handle jeden dieser Punkte in ein bis zwei Sätzen ab, mach keine Pausen und lass dich nicht unterbrechen. Vermeide Ironie. Stemm deine Hände in die Hüften, halt den Kopf gerade und sieh ihm fest in die Augen. Mach dir klar, dass ihm das Ganze peinlich sein muss und nicht dir. Er hat sich unkorrekt verhalten. Werde laut, sodass andere aufmerksam werden. Je mehr Leute zuschauen, desto besser. »Wehr dich – beschwer dich!« Vielleicht ist deine Beschwerde nicht der Tropfen auf den heißen Stein, sondern der, der das Fass zum überlaufen bringt.

situationen mit erhöhtem risiko

mit dem auto unterwegs

Ich will dir hier keinen Vortrag über die Gefahren des Trampens halten. Wenn du unbedingt trampen musst, dann achte bitte wenigstens auf folgende Punkte und beherzige die Verhaltenstipps:
- Bevor du dich an die Straße stellst, solltest du darauf achten, dass du selbstbewusst und nicht wie ein naives Girly aussiehst.
- Vergiss es, dich an deinem billigen Springmesser oder deiner CS-Gas-Dose in der Jackentasche festzuhalten. Wenn du dich so unsicher fühlst, solltest du gar nicht erst trampen.
- Du solltest nur bei Frauen mitfahren.
- Wenn du weitere Strecken zurücklegen willst, dann geh zu einer Mitfahrzentrale. Billiger geht es nicht, wenn du auf Sicherheit bedacht bist, und das bist du ja.

Falls du meinst, doch bei einem Mann mitfahren zu müssen, appelliere ich an deine Vernunft und an dein Verantwortungsbewusstsein dir selbst gegenüber. Wenn dir was passiert, ist das kein Pech, sondern Verantwortungslosigkeit. Denk mal drüber nach! Jetzt! Nicht erst wenn es zu spät ist, denn dann ist es ... eben ... zu spät!
Wenn es – aus welchen Gründen auch immer – doch ein Mann am Steuer ist, hier ein paar Tipps:
- Frag den Fahrer zuerst, wohin er fährt, und entscheide dann, ob dir das in den Kram passt. Verzichte auf das großzügige Angebot, für dich einen Umweg zu fahren.
- Bevor du einsteigst, vergewissere dich, ob sich die Tür von innen wieder öffnen lässt (Knopf und Türgriff). Viele Autos haben an den hinteren Türen Kindersicherun-

gen integriert und die Tür lässt sich dann von innen nicht öffnen. Erzählt er dir was von Unfall und defekter Tür, lass ihn allein weiter fahren.
- Lass dich von einem Kindersitz auf der Rücksitzbank nicht in Sicherheit wiegen.
- Merke dir Typ, Farbe und Kennzeichen des Wagens, in den du einsteigst.
- Wenn du im Auto sitzt, finde als Erstes heraus, wie sich der Sicherheitsgurt lösen lässt.
- Schau dir den Typen unauffällig, aber genau an, ob er z.B. Narben oder andere auffällige Merkmale hat.
- Unterhalte dich mit dem Fahrer über seine Familienverhältnisse, nimm ihm die Anonymität. (Du hast natürlich viele große Brüder, alle in so 'nem fiesen Motorradclub, die schon immer auf ihr kleines Schwesterchen aufgepasst haben ...) Egal, was für eine Legende du ihm auftischst, sie muss glaubwürdig sein und überzeugend rüberkommen. Was du dir selbst glaubst, glaubt dir jeder.
- Solange er fährt, bist du sicher. Ist er mit dir auf Abwegen, dann sorg dafür, dass er dich rauslässt. Da Männern ihr Auto meist heilig ist, sieh zu, ob du nicht irgendwas kaputtmachen kannst. Kurble das Fenster herunter und schmeiß seine Sachen hinaus. Je wichtiger die Sachen für ihn sind, desto besser.
- Diskussionen oder Bitten um Gnade bringen nichts. Der Mann ist höchstwahrscheinlich der Tätertyp, den seine Macht und deine Angst noch mehr erregt.
- Wenn das Auto steht, musst du sofort raus. Nur wenn du dich frei bewegen kannst, hast du eine echte Chance auf effektive Gegenwehr.
- Wehr dich!

Ein bisschen viele Vorsichtsmaßnahmen für eine einfache Autofahrt. Da würde ich dem Typen lieber sagen: »Kannst weiterfahren, bei Männern steige ich nicht ein. Aber trotzdem vielen Dank!« und würde warten, bis eine Frau anhält.
Übrigens: Mehrere Typen im Auto sind für dich absolut tabu! Ich weigere mich, dir hierzu noch Tipps zu geben.

zu fuß unterwegs

Du solltest dir angewöhnen, immer auf dem linken Gehweg zu gehen. Auf dem Gehweg wiederum eher in Straßennähe. So kann sich dir auf der Straße niemand unbemerkt nähern oder dich womöglich in einen Hauseingang ziehen. In ruhigen, wenig oder gar nicht befahrenen Gegenden kannst du auch mitten auf der Straße gehen.

> **Kleine Übung**
> *Lerne die Gegend, deine häufigsten Wege und deren Alternativen kennen. Bitte immer eine oder zwei gute Freundinnen, dich bei deinem Streifzug zu begleiten. Seid neugierig und schaut in jeden Hinterhof, haltet Ausschau nach Fluchtwegen und Notrufmöglichkeiten. Streunt einfach so herum. Nehmt euch Zeit für dieses kleine Abenteuer.*

der einbruch

Einbrecher sind nicht immer *nur* Einbrecher, sondern manchmal auch sadistische Vergewaltiger und Mörder. Sie sind eine nicht zu unterschätzende Gefahr für Leib und Leben. Du solltest immer mit dem Schlimmsten rechnen.

Es gilt drei verschiedene Stadien des Einbruchs zu unterscheiden:

❶ Du bist zu Hause und bemerkst, dass bei dir eingebrochen wird. Mach kein Licht an und verhalte dich leise. Sieh zu, dass du dich aus der Wohnung entfernst und benachrichtige von Nachbarn aus umgehend die Polizei. Keine Heldentaten!

❷ Du kommst nach Hause und bemerkst, dass bei dir gerade eingebrochen wird, und der oder die Täter noch vor Ort sind. Sieh zu, dass du dich unbemerkt aus der Wohnung entfernst und benachrichtige von Nachbarn aus umgehend die Polizei. Keine Heldentaten!

❸ Du kommst nach Hause und bemerkst, dass bei dir eingebrochen wurde. Du bist der Meinung, dass die Täter schon weg sind? Sicher? Geh besser nicht in die Wohnung! Sieh zu, dass du dich unbemerkt von der Wohnung entfernst und benachrichtige von Nachbarn aus umgehend die Polizei. Keine Heldentaten!

die öffentlichen verkehrsmittel

Nicht selten geschehen gewalttätige oder sexuelle Übergriffe in öffentlichen Verkehrsmitteln, auf dem Weg dorthin oder in und an den dafür vorgesehenen Haltestellen. Auch hier kannst du deine Sicherheit erhöhen, indem du dir ein paar Verhaltensweisen angewöhnst:

- Lass dich zur Haltestelle bringen und bitte deine Begleitung zu warten, bis du eingestiegen bist. Du möchtest keine Umstände machen? Was ist dir deine Sicherheit wert?
- Halte die Wartezeiten so kurz wie möglich. Informiere dich deshalb schon im Vorfeld, wann dein Bus oder die Bahn fährt.
- Ist die Haltestelle nur spärlich beleuchtet oder sehr einsam, dann warte in einer angenehmeren Gegend (hell und belebt), von wo aus du sehen kannst, wenn dein Bus oder die Bahn kommt, um im letzten Moment zur Haltestelle zu gehen.
- Stehen dort schon merkwürdige Typen rum, dann halt dich außer Sichtweite auf.
- Steigen diese finsteren Gestalten in deine Linie ein, dann fahr mit der nächsten.
- Fahr nie mit der letzten Linie, damit du nicht unbedingt auf diese angewiesen bist und die Möglichkeit hast, auf die nächste auszuweichen. Das ist auch von Vorteil, falls an einer anderen Haltestelle Leute zusteigen, von denen Gefahr ausgehen könnte. Dann solltest du einfach aussteigen und mit der nächsten Linie fahren.
- Am sichersten sitzt du in der Nähe des Fahrers. Du bist nie allein im Abteil und kannst beim Einfahren in die Station sehen, wer zusteigen könnte. Sollte es dir in der Bahn nicht möglich sein auszusteigen, weil dich z.B. eine Horde randalierender Skins anpöbelt, dann scheue dich nicht, in einer bedrohlichen Situation die Notbremse zu ziehen. Für solche Fälle ist die Notbremse da. Nutze sie!
- Drängt dir ein Typ ein Gespräch auf, sag ihm klipp und klar, laut und ernst, dass er dich in Ruhe lassen soll. Lenk die Aufmerksamkeit mit deiner Formulierung auf sein Fehlverhalten und nicht auf deinen Wunsch. Sag ihm: »Lassen Sie mich in Ruhe!« und nicht »Ich möch-

te, dass ...«. Wenn er das ignoriert und stattdessen weiterschwätzt, dann wiederhole energischer: »Lassen Sie mich in Ruhe!« Schau ihm dabei fest in die Augen. Geh nicht auf seine Fragen oder Aussagen ein und stell auch selbst keine Fragen, die er denkt beantworten zu müssen.

> **Kleine Übung**
> *Setz dich mal vor einen Spiegel und schau dich an! Schau dir tief in die Augen! Schaffst du es, ohne zu grinsen? Wie lange schaffst du es, ohne zu zwinkern? Merkst du, wie dein Gesicht versteinert? Beiß die Zähne zusammen und stell dir vor, es kämen tödliche Strahlen aus deinen Augen. Tausch deinen Spiegel mal gegen eine Freundin und schau ihr in die Augen. Könnt ihr euren Blicken standhalten, ohne zu grinsen und zu zwinkern? Wenn Blicke töten könnten ...*

auf der fete oder in der disco

Wenn du allein weggehen willst, organisiere frühzeitig, wie du dorthin und wieder nach Hause kommst. »Och, irgendwie komme ich schon wieder zurück!«, hört sich zwar mächtig spontan und souverän an, zeugt aber von gefährlicher Planlosigkeit.
- Lass dich abholen – muss ja nicht von Mutti und Vati sein, was aber auch keine Schande wäre!
- Mach dir auch klar, dass viele Täter nur deshalb bei ihren Opfern eine Chance haben, weil die Mädchen durch Alkohol- oder Drogenkonsum die Kontrolle über

sich verloren haben. Solltest du dir die Birne unbedingt mit Alkohol oder Chemie zudröhnen wollen, ist es gut, wenn du eine vertrauenswürdige, nüchterne Person bei dir hast, die sich eventuell auch als Fahrer anbietet. Ansonsten lass die Finger von dem Zeug, damit du Mädchen deiner Sinne bleibst und mitbekommst, wenn andere die Finger nicht von dir lassen können.

- Hol dir deine Getränke selbst, dann weißt du auch, dass nur das im Glas ist, was du trinken möchtest, und nicht noch zusätzliche Tröpfchen, Pillen oder Pülverchen.
- Deine Alarmglocken müssen läuten, wenn jemand dich zu einem vertraulichen Spaziergang im Freien oder einem Gespräch in abgelegenen Räumen drängen will.
- Zeit zu gehen ist es für dich spätestens dann, wenn die anderen aus deiner Gruppe gehen wollen. Wirst du erst später abgeholt, bitte die anderen, mit ihnen fahren zu dürfen oder so lange zu warten, bis auch du deine Heimfahrt angetreten hast.

Auf Feten besteht grundsätzlich die Gefahr einer Vergewaltigung, da der Täter durch Alkohol häufig die Hemmungen verliert (was überhaupt nichts entschuldigt) und viele Mädchen durch Alkohol willensschwach werden (was nichts an ihrer Schuldlosigkeit ändert). Achte aus Solidarität darauf, wie die Party für andere Mädchen läuft. Wird eine womöglich systematisch abgefüllt und von mehreren Typen belagert? Dann kümmere dich um sie, auch wenn sie nicht deine beste Freundin ist. Ihr droht vielleicht eine besonders demütigende Gruppenvergewaltigung.

das ende deiner beziehung

In solchen Situationen ist oft noch jede Menge Gefühl im Spiel. Dein Ex könnte seine letzte Chance wittern, dir noch mal zu beweisen, was er für ein Kerl ist. Vielleicht hat er auch nur das Gefühl, dass du ihm noch 'ne Nummer schuldest oder er möchte seine Besitzansprüche deutlich machen, indem er noch ein letztes Mal »sein Revier absteckt«. Leidet dein Ex unter der Trennung, weil er dich abgöttisch liebt, kann es sein, dass er sich an dir rächen will. Deshalb solltest du letzte Aussprachen mit deinem Ex nie allein in Angriff nehmen. »Zeugen« müssen ja nicht mit am Tisch sitzen, sollten aber auch nicht draußen im Auto warten. Triff dich zur letzten Aussprache mit ihm in einem Café, dann ist die Wahrscheinlichkeit höher, dass er Anstand beweist und nicht handgreiflich wird.

gewalt in einer beziehung

1. Er trennt dich allmählich von deinen Freunden und deiner Familie, indem er immer öfter mit dir zu Hause bleiben will und dir Soloaktivitäten mit heftigsten Eifersuchtsszenen vermiest. Lass dich nicht isolieren.
2. Er hat dich jetzt für sich allein und beginnt damit, dein Selbstwertgefühl systematisch zu zerstören, indem er alles an dir kritisiert. Es ist egal, was du tust, sagst oder machst, irgendwie war alles schon mal besser. Er vermittelt dir das Gefühl, dass du dankbar sein darfst, wenn er dich nicht verletzt.
3. Worten folgen Taten. Ihm rutscht das erste Mal die Hand aus. Versuche nicht, aus Scham alles zu vertuschen. Nimm ihn nicht in Schutz, nur weil es für ihn vielleicht in Schule oder Beruf schlecht läuft. Geh zu einer Freundin, deiner Mutter oder besser noch zu einer Frauenberatungsstelle. Es wird höchste Zeit!
4. »Sorry, kommt nicht wieder vor, aber du müsstest doch wissen, dass ich es nicht mag, wenn du ...« Er wird sich ganz lieb entschuldigen und dir erklären, warum er plötzlich durchgedreht ist. Du stellst erleichtert fest, dass er seinen Fehler wirklich bereut. Er ist sogar wieder lieb zu dir, bis zum nächsten Mal, wenn es wieder heißt: »Sorry, kommt nicht wieder vor ...« und du wirst es immer öfter hören. Geh zur Polizei, zur Rechtsanwältin und sag ihm lebe wohl, schnell!
5. Du hast dich entschlossen, ihn zu verlassen? Gut. Er wird dir klar machen wollen, dass alles nur deine Schuld ist, und dass du versagt hast. Du hast dein Leben im Griff. Nimm die Hilfe von Freundinnen, Familie oder sozialen Einrichtungen und Hilfsorganisationen in Anspruch. Letztere wissen, wie man solche Situationen meistert.

das potenzielle opfer
Ausstrahlung und Verhaltensweisen

Sicher hast du die folgenden Sätze zu Hause auch schon öfter gehört:

»Mach, was man dir sagt!«
»Widersprich nicht immer!«
»Du musst auch mal Sachen machen, die du nicht so gerne magst!«
»Sei doch mal nett zu mir!«

All das sind Phrasen, die dich auf Gehorsam und Gefügigkeit hin drillen.

»Wie kannst du es wagen ...?«
»Du weißt wohl nicht, wen du vor dir hast?«
»Ich an deiner Stelle wäre ganz klein!«
»Du kannst froh sein, dass ich ...!«

Lass dich nicht einschüchtern!

Solche Sätze lassen aus Gefügigkeit regelrecht Unterwürfigkeit werden. Womöglich lässt auch du dich durch solch autoritäres Gehabe einschüchtern. Du bist nicht sonderlich selbstsicher und versuchst, nicht negativ aufzufallen. Vielleicht hast du auch Freundinnen, die dich in dem Gefühl bestätigen, sich sowieso nicht wehren zu können, geschweige denn zu dürfen. Scheiß den Menschen vor die Koffer, die aus dir eine fortwährend freundliche und bequeme Ja-Sagerin machen wollen. Diese Menschen leisten den Tätern ungewollt Beihilfe zum Missbrauch, indem sie deine Selbstsicherheit, wo immer es geht, schwächen oder gar im Keim ersticken. Mangelnde Selbstsicherheit und ein gemindertes Selbstwertgefühl bestimmen die Ausstrahlung des Menschen. Diese Ausstrahlung muss nicht unbedingt ein fester Charakterzug sein, sondern kann durchaus einen Ausnahmezustand oder eine Phase darstellen. Sicher kennst du Lebensabschnitte oder Situationen, in denen du eher depressiv oder überangepasst bist. Nichts klappt, seit Tagen regnet es, niemand ruft dich an, keiner schreibt dir und du weißt, dass deine Tage bevorstehen.

Täter suchen sich ihre Opfer weniger nach Alter, Attraktivität, Oberweite, Haarfarbe oder Größe aus. Vielmehr ist es die Ausstrahlung. Der erste Eindruck kann entscheiden, ein Test die Bestätigung sein. Menschen weisen in bedrohlichen Situationen, ähnlich wie Tiere, typische Verhaltensweisen auf. Für eine unsichere Person ist der ganze Alltag bedrohlich.

Der erste Eindruck kann entscheiden.

Merkmale einer unsicheren Person könnten sein:
- Sie meidet den Blickkontakt und macht sich klein, duckt vor ihrem Gegenüber, indem sie den Kopf ein- und die Schultern hochzieht.
- Mädchen, denen ihre Weiblichkeit unangenehm ist, lassen gern die Schultern nach vorn fallen und versuchen so die Brüste zu »verstecken«.

Ist die bedrohliche Person in der Nähe, hat aber noch keinen Kontakt aufgenommen, sorgen diese Mädchen dafür, dass sie nicht missfallen und zupfen ihre Kleidung zurecht, fassen sich in die Haare, um den Sitz ihrer Frisur zu kontrollieren und verstecken sich hinter ihrer Hand, die in ihrem Gesicht ständig was zu kratzen und wegzuwischen hat. Möchten sie der Situation ausweichen, neigen sie ihren Kopf zur Seite. Der Wunsch, eine unangenehme Situation zu vermeiden, macht sich durch das ständige Wechseln von einem Bein auf das andere bemerkbar; sie wollen am liebsten weggehen. Nähert sich die bedrohliche Person, so nimmt der Körper eine Abwehrhaltung ein, verschließt

sich regelrecht. Die Arme werden vor der Brust verschränkt, die Beine gekreuzt. Beim Reden outet sie sich durch eine leise, hohe Stimme, einen fragenden bis entschuldigenden Tonfall und ein ständiges Konfliktvermeidungslächeln und Lachen nach jedem Satz, quasi als Entschuldigungsvorbereitung.

Die eben aufgeführte Gestik und Mimik, welche Unterlegenheit signalisieren, verfehlt ihre Wirkung auf das Gegenüber nicht. Ist es nicht die Macht über das Opfer, die das Belästiger- und Vergewaltigerherz in den meisten Fällen höher schlagen lässt? Ja, diese Mädchen wären ein gefundenes Fressen!

Bist du ein gefundenes Fressen? Vielleicht bist du es und du hast die Schnauze voll davon, sonst würdest du dieses Buch nicht lesen! Du wirst in naher Zukunft das genaue Gegenteil sein und »Anti-Opfer-Signale« ausstrahlen. Du nimmst den Kopf hoch, schaust deinem Gegenüber fest in die Augen ohne zu lächeln und, wenn du es schaffst, ohne zu blinzeln. Du nimmst die Schultern zurück ohne sie hochzuziehen, weil du selbstbewusst bist und dazu stehst, eine attraktive junge Frau zu sein. Du wirst merken, dass es sich so leichter atmen lässt, und somit Muskeln und Gehirn besser mit Sauerstoff versorgt werden. Das steigert dein Wohlbefinden und deine Reaktionsfähigkeit. Hast du Probleme damit, die Schultern länger zurückzunehmen? Dann mangelt es an ausreichender Rückenmuskulatur, du hast nicht genügend Rückgrat, um aufrecht durchs Leben zu gehen. Das wird sich ändern. Deine Stimme ist fest und bestimmend. Du stehst sicher auf beiden Beinen, mitten im Leben, in deinem Leben, so wie du es für richtig hältst. Und gewöhn dir vor allem ab, ständig zu grinsen und freundlich aussehen zu wollen. Finde das

richtige Verhältnis zwischen Freundlichkeit und Distanziertheit. Du lachst, wenn es was zu Lachen gibt und du lächelst, wenn dir jemand sympathisch ist. Basta! Mach Schluss mit dem angespannten »Ich-tu-dir-nichts-du-tust-mir-nichts-Lächeln«!
So wie du dich fühlst, wirst du auch aussehen. Denn wenn sich deine innere Einstellung auf deine Körperhaltung auswirkt, funktioniert das auch umgekehrt. Damit will ich dir sagen, dass du dich geben sollst, wie eine mutige, selbstbewusste, energische, kompromisslose junge Frau, und schon wirst du dich etwas mutiger, selbstbewusster, energischer und kompromissloser fühlen. Beobachte dich, steuere dein Verhalten, deine Mimik, deine Gestik. Lass deinen Körper so aussehen, wie du dich fühlen willst. Du bist eine stolze, attraktive Persönlichkeit, vor der Männer Respekt haben. Mit dem Lesen dieses Buches wirst du lernen, was es heißt, Verantwortung für sich zu übernehmen. Vorbei die Zeit der wehleidigen Passivität! Verantwortung für sich zu übernehmen ist anstrengend. Du wirst hart an dir arbeiten müssen, aber du bist es wert.

selbstschutz beginnt im kopf

Stärke dein Selbstbewusstsein!

Bevor du dich jetzt voller Tatendrang in dein neues Leben stürzt, warte noch einen Moment und mach dir klar, dass sowohl Reden ohne zu handeln als auch Handeln ohne zu denken nichts bringt. Selbstschutz beginnt im Kopf. Du solltest dich zu allererst selbst einschätzen. Was bist du für ein Typ Mensch? Wie leicht fällt es dir, »Nein!« zu sagen und dich zu widersetzen? Du hast ein Bild von dir im Kopf, aber das muss nicht so bleiben. In deinem Kopf schwirren Vorstellungen herum, was alles passieren kann. In deinem Kopf entsteht das Bedürfnis nach Sicherheit, nach Schutz, und in ihm erlangst du die Erkenntnis, dass du dich leider selbst schützen musst, aber glücklicherweise auch kannst. In deinem Kopf speicherst du Verhaltensweisen ab, die dir ein gewisses Maß an Sicherheit versprechen. In deinem Kopf kannst du diese Verhaltensweisen »trainieren« und die unwahrscheinlichsten und gefährlichsten Situationen durchspielen. In deinem Kopf stärkst du dein Selbstbewusstsein und trimmst dein Unterbewusstsein auf Sieg. Sieg gegen die Unvernunft, die Bequemlichkeit, das Gefühl von Minderwertigkeit und Schwäche und letztlich gegen all die Täter, die von dir wollen, was du ihnen nicht geben willst. Nichts muss so bleiben wie es ist. Du kannst Veränderungen herbeiführen. Mach dir klar, dass der entscheidende Teil deines Selbstschutzes im Kopf passiert.

die »waffen« der frau

Wenn du bei dieser Überschrift an den Charme oder die Verführungskünste einiger Frauen denkst, dann liegst du falsch. Ab jetzt geht's ganz konkret darum, wie du dich wehren kannst.
Halt dich fest, es geht los. Zunächst möchte ich deine Aufmerksamkeit auf dich, auf deinen Körper lenken. Du sollst eine Ahnung von den Möglichkeiten bekommen, die in deinem Körper stecken, ihn als »Waffe« zu nutzen.

Jetzt geht's ganz konkret darum, wie du dich wehren kannst.

hände und finger

Siehst du dich selbst vor deinem geistigen Auge, wie du einen Angreifer mit einer Salve von Fausthieben eindeckst, sein Gesicht einem wahren Trommelfeuer deiner Fäuste aussetzt? ... Dann hör auf zu spinnen! Der typische Fauststoß oder -schlag, bei dem du mit den Fingerknöcheln der Mittelhand auf dein Opfer triffst, ist für dich tabu. Das Handgelenk ist für solche Belastungen einfach nicht geschaffen, erst recht nicht das weibliche. Die Verletzungsgefahr ist so hoch, dass ich dir von dieser Art zu schlagen abrate. Sogar Boxer, tapen und bandagieren ihre Fäuste samt Handgelenke. Das machen sie nicht nur, weil die Bandage hautfreundlicher ist als die Innenseite der Boxhandschuhe, sondern auch, weil sie ihrer Hand und dem Handgelenk die nötige Stabilität verleihen wollen, die es braucht, um einem anderen voll in die Fresse zu hauen, ohne sich die Handwurzel, die Mittelhand oder das Handgelenk zu brechen. Du kannst auf nachfolgender Abbildung sehen, wie du eine Faust zu machen hast, allerdings nur, um diese als **Hammerfaust** zu nutzen. Das charakteristische an der Hammerfaust ist, dass du mit der Kleinfin-

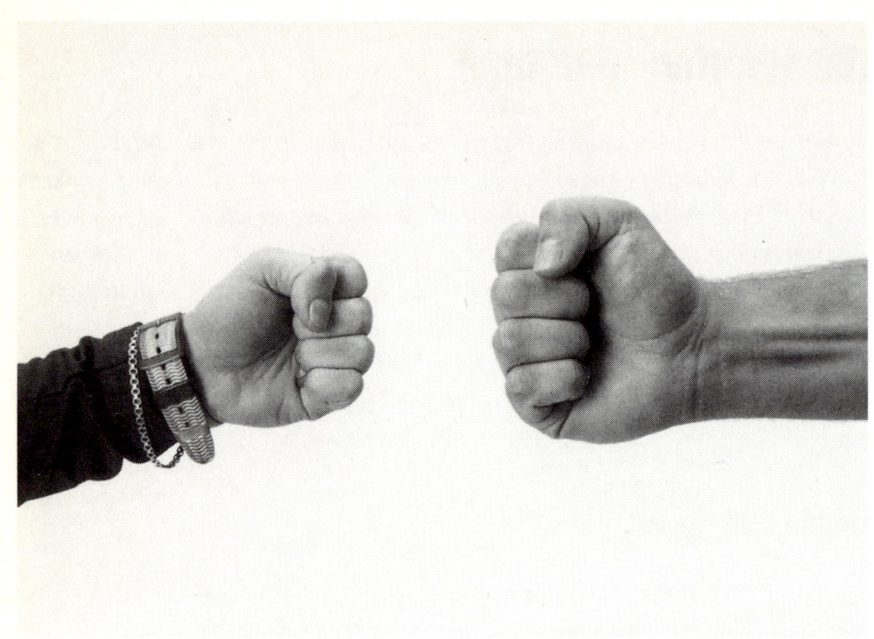

gerseite auf den Gegner triffst. So als würdest du mit der Faust auf den Tisch schlagen und fluchen: »Zum Donnerwetter nochmal ...!« Nur, dass du nicht auf einen Tisch, sondern zum Beispiel auf eine Nase schlägst, aber fluchen darfst du trotzdem.

Sehr schockierend für den Angreifer ist auch der **Schlag auf den Kehlkopf** und das Dahinterkrallen. Es reicht, wenn du mit der flachen Hand regelrecht auf den Kehlkopf draufpatscht, um dein Gegenüber zu schocken. Richtig unangenehm wird es jedoch, wenn du die Hand an seinem Hals liegen lässt und mit dem Daumen von der einen und den Fingern von der anderen Seite hinter den Kehlkopf greifst.

Der **Fingerstich** wird genutzt, um Weichteile, die in Körperhöhlen oder -mulden liegen, zu attackieren. Besonders wichtig ist es hierbei, die Finger für den Moment des Auftreffens und Vorstoßens zu versteifen. Du kannst auf diese Art in die Augen stechen oder in die Drosselgrube unterhalb des Kehlkopfes, wo sich die Luftröhre ungeschützt darbietet.

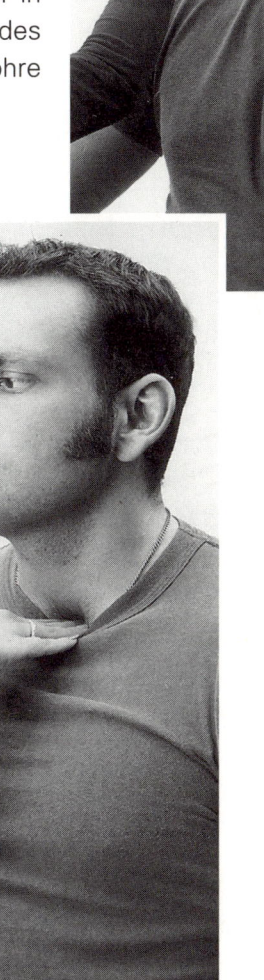

Kneifen bietet sich immer an, wenn du schon engeren Kontakt mit deinem Angreifer hast. Hält er dich zum Beispiel im Schwitzkasten, kannst du seinen Griff lockern, indem du ihm in die Innenseite seines Oberschenkels kneifst. Weniger Haut ist mehr Schmerz. Probier es mal bei dir selbst aus.

Der **Handrückenschlag** eignet sich hervorragend, um in der Öffentlichkeit dezent (Supermarkt, Disco, Schule oder Fete) um mehr Abstand zu bitten. Dieser Schlag wird peitschend durchgeführt und es sollten vor allem die Fingerspitzen auf Penis und Hoden treffen.

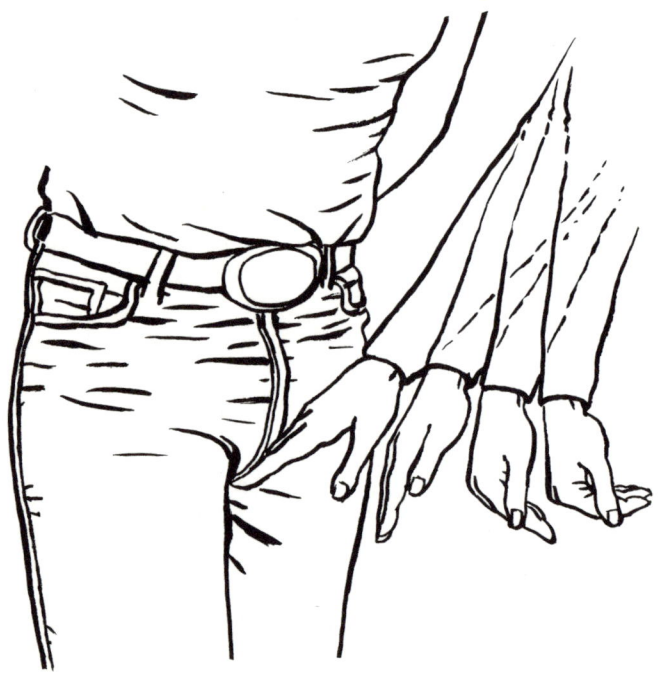

Die **Hodenquetsche** ist das Mittel der Wahl, wenn dir Oberschenkelkneifen zu soft erscheint. Du greifst mit einer Hand in den Schritt des Mannes und versuchst sein

Scrotum (Hodensack) zu fassen. Wenn dir dies gelungen ist, hast du es in der Hand, die Hoden langsam zu quetschen oder mit einem beherzten Griff zu zerdrücken. Ersteres verursacht unbeschreibliche Schmerzen, Letzteres dürfte zusätzlich die Zeugungsfähigkeit kosten.

Hat der Typ allerdings eine enge Hose an, kannst du das Quetschen vergessen und dir bleibt nur der **Schlag in die Genitalien**. Wie du dabei die Hand hältst, ist absolut situationsabhängig. Es kann durchaus sein, dass hier auch ein normaler Faustschlag angebracht ist, denn oft ist das die natürlichste Bewegung. Auch die Verletzungsgefahr ist eher gering, da du in Weichteile schlägst.

Das **Kleinfingerbrechen** bietet sich immer dann an, wenn du von hinten umklammert wirst, deine Arme aber noch frei hast. Und knick-knack auf zack brichst du ihm einen Finger. Muss ja nicht der kleine sein.

Solltest du von vorn an den Handgelenken festgehalten werden, so kannst du deine Arme verblüffend einfach über die Daumenseite seiner Hände **herausdrehen**.

Dazu umfasst du einen seiner Finger, sodass dein Daumen und Zeigefinger am Grundgelenk seines Fingers sind. Nun biegst du mit einem Ruck seinen Finger über deinen Zeigefinger oder Daumen, der dir als Drehachse dient, auf seinen Handrücken.

Wenn du das Fingerbrechen für zu übertrieben hältst, dann kannst du eine Hand auch öffnen, indem du mit den Fingerknöcheln deiner Faust über den Handrücken des Angreifers vom Daumen zur Kleinfingerseite und zurück reibst und dabei kräftig Druck ausübst. Immer wieder hin und her. Oder du schlägst mit den Knöcheln ein paar Mal auf den Handrücken.

Mit deinen Daumen kannst du in die **Augen drücken, bzw. stechen**. Du legst deine Hände zunächst locker auf die Wangen des Angreifers und platzierst so automatisch deine Daumen vor dessen Augen. Während du nun deine Finger hinter seinen Unterkieferknochen krallst, erhöhst du den Druck auf die Augäpfel deines Gegners. Solltest du keine Zeit für einen kontrollierten Druckaufbau haben, stößt du deine Daumen mit einer Bewegung in seine Augen. Die nicht unerheblichen Schmerzen und die Angst um sein Augenlicht werden seine Angriffslust lähmen.

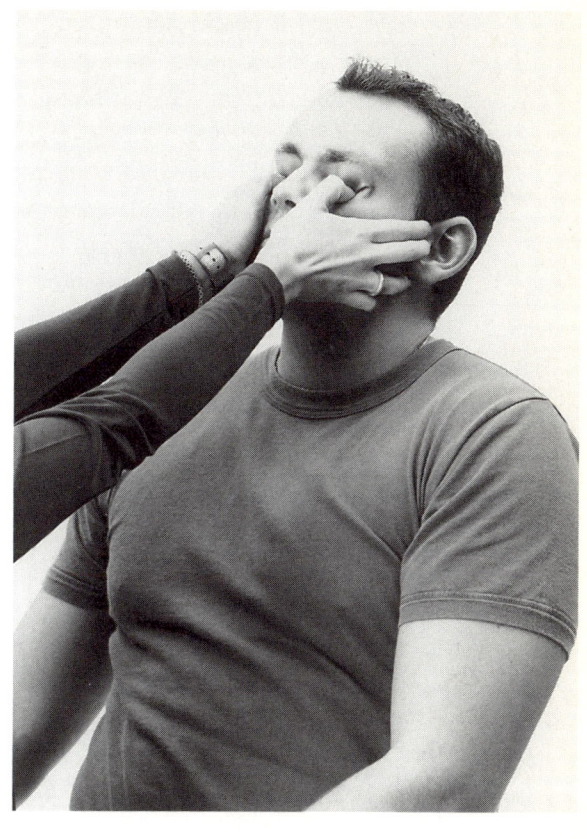

Möchtest du einen ähnlichen Effekt erzielen, deine Daumen jedoch nicht in fremde Augenhöhlen stecken, dann streckst du deine Hand aus und spannst sie an. Mit der Kleinfingerseite deiner Hand drückst du nun unter den **Nasensteg** (das Stück zwischen den Nasenlöchern) immer in Richtung Stirn. Um eine größtmögliche Wirkung zu erzielen, solltest du das Grundgelenk oder das erste Fingerglied deines kleinen Fingers benutzen.

Mit dem **Pressluftschlag** auf die Ohren kannst du das Trommelfell beschädigen und große Schmerzen verursachen. Dazu holst du mit nahezu gestreckten Armen auf Kopfhöhe aus und schlägst mit den flachen Handtellern gleichzeitig auf die Ohren des Gegners.

Wenn dir jemand zu nah auf die Pelle rückt und du etwas Distanz zwischen euch bringen möchtest, ohne ihn gleich zu verletzen oder ihm weh zu tun, dann bietet sich der **Genickdrehhebel** an. Du fasst mit der linken Hand so weit es

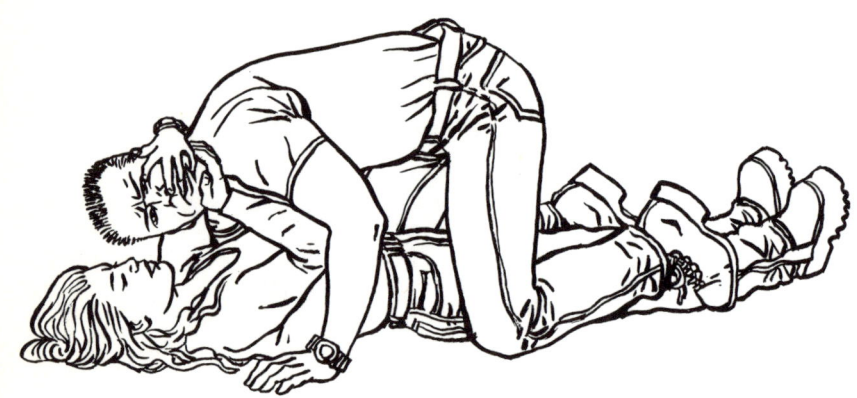

geht um den Kopf des Gegners herum, sodass du Haare, sein Ohr oder reichlich Wangenfleisch inklusive Auge seiner linken Seite zu fassen bekommst. Mit deiner rechten Hand umfasst du seinen Unterkiefer auf der rechten Seite. Nun hältst du seinen Kopf gut fest und drehst ihn so weit es geht von dir aus gesehen nach rechts. Deine Arme werden sich dabei entspannen. Diese Technik ist nicht gesundheitsschädlich und nicht schmerzhaft, wenn sie gefühlvoll ausgeführt wird.

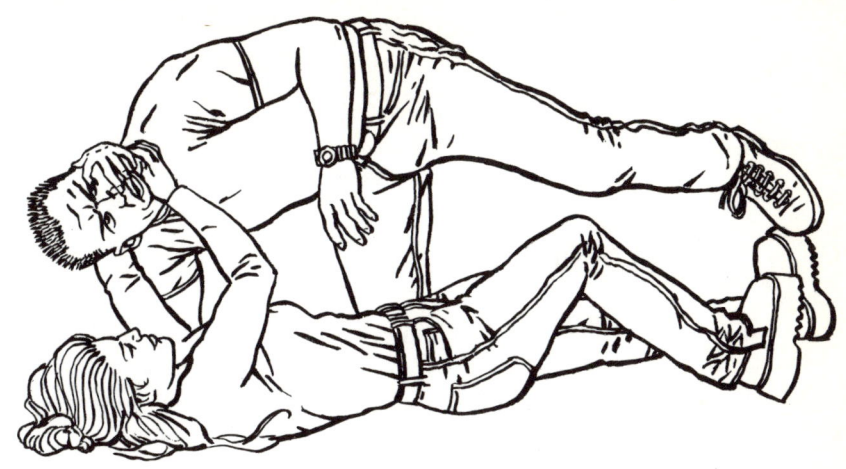

ACHTUNG!!! Solltest du mit ordentlichem Schwung den Kopf verdrehen, kann es passieren, dass du damit sein Genick brichst.

der kopf

In erster Linie solltest du ihn zum Denken nutzen, doch wenn das dein Gegenüber nicht beeindruckt, dann ist der **Kopfstoß** in der Nahdistanz eine sehr effektive Waffe. Steht der Typ vor dir, stößt du ihm ansatzlos, also ohne Ausholbewegung, deine Stirn auf seine Nase. Wenn es sich ergibt, halte seinen Kopf dabei fest.

Steht der Typ allerdings hinter dir, stößt du ihm deinen Hinterkopf ins Gesicht. Wenn du nicht weißt, ob du seine Nase auch getroffen hast solltest, du nochmals nach hinten stoßen.

Wie das **Beißen** geht, brauche ich sicher nicht groß zu erklären. Tu es einfach, wenn sich die Gelegenheit bietet. Ekle dich nicht! Sehr effektiv ist es, wenn du ihm ins Gesicht beißt.

die ellenbogen

Der **Ellenbogenschlag, -stoß** ist in der Nahdistanz eine der effektivsten Waffen. Für einen Schlag von unten nach oben unter das Kinn des Angreifers winkelst du deinen Ellenbogen so weit an wie es geht, holst gerade nach hinten aus und führst ihn als Schlag im Bogen von unten nach oben.

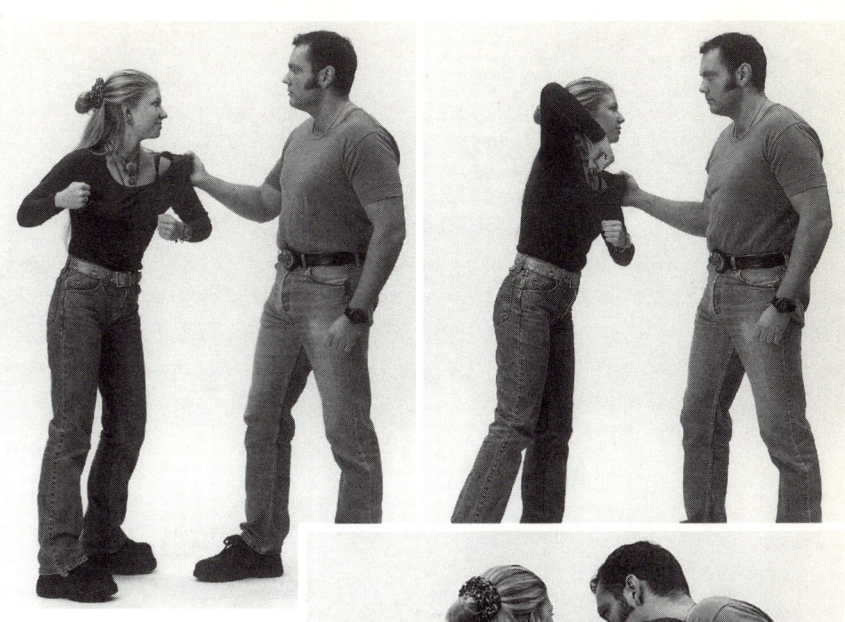

Möchtest du den Ellenbogenschlag eher von oben nach unten ausführen, bietet es sich an, schräg von oben auf die Brust oder das Schlüsselbein deines Gegners zu schlagen. Du winkelst deinen Ellenbogen an und drehst dich mit deiner Schlagseite etwas nach hinten in der Hüfte ein. Mit dem Eindrehen hebst du deinen angewinkelten Arm bis über Schulterhöhe und ziehst ihn ganz zurück. Nun merkst du selbst schon, was für eine Spannung in Rumpf und Schulter entsteht. In einem Bogen lässt du nun deinen Ellenbogen mit voller Wucht schräg von oben in deinen Gegner krachen.

Direkter und kerniger als Ellenbogenschläge sind die **Ellenbogenstöße**. Wahrlich atemberaubend für ihn kann der Stoß von vorne nach hinten in den Solarplexus deines Gegners sein. Streck deinen Arm leicht nach vorn und reiße ihn dann ruckartig nach hinten in deinen Gegner. Achte darauf, dass dein Unterarm immer parallel zum Boden ist und du mit dem Ellenbogen und nicht mit dem Oberarm auftriffst.

Du kannst diesen Stoß auch von oben nach unten durchführen, indem du den Schwung von oben holst und den Ellenbogen senkrecht auf deinen Gegner hinuntersausen lässt.

die knie

Auf einen solchen Ellenbogenstoß sollte immer gleich ein **Knieschlag** ins Gesicht deines Gegners erfolgen. Du hältst mit den Händen deinen Gegner in Position und bringst dein Knie in einem Bogen mit Schwung nach oben.

Von höherer Effektivität ist jedoch der **Kniestoß**, wenn du den Genitalbereich eines Mannes attackieren musst. Du fasst den Typen an der Hüfte und streckst dein stoßendes Bein zunächst nach hinten, um Spannung in der Hüfte aufzubauen. Dann stößt du dein Knie in einer möglichst geraden Linie in den Gegner hinein. Die Hüfte folgt dabei der Stoßbewegung des Knies. Du solltest versuchen, die Hüfte deines Gegners festzuhalten, da er probieren wird, diesem Stoß nach hinten auszuweichen.

die füße

Der **Stampftritt** wird nicht wie beim Fußball ausgeführt, sondern stampfend, senkrecht nach unten. Dies setzt natürlich voraus, dass du sehr dicht an dem Typen dran stehst. Dabei ist es egal, ob er hinter oder vor dir steht. Du stampfst ihm mit deiner Ferse auf seinen Mittelfuß, der wahrscheinlich dabei bricht. Liegt der Mistkerl schon am Boden, kannst du mit dem Stampftritt auch sein Gesicht, die Nieren, Wirbelsäule oder die Genitalien traktieren.

Steht er in einigem Abstand vor dir, kannst du den Tritt auch nach vorn in das gegnerische Bein ausführen. Bei diesem Tritt sollte der Fußrist auftreffen, um nicht abzurutschen. So stoppst du Kerle, die dir zu stürmisch sind und verletzt sie eventuell am Knie.

die »schwachstellen« des mannes

Männer sind ebenso wenig unbesiegbar, wie du ein kleines schwaches Mädchen bist. Jeder Mensch und damit auch jeder Mann hat verletzliche, schmerzempfindliche Stellen. Wo du wirkungsvoll Schmerzreize setzt oder verletzt, siehst du aus den nachfolgenden Zeichnungen. Ich werde dir erläutern, wie du diese Punkte am effektivsten bearbeitest und dabei dein eigenes Verletzungsrisiko möglichst gering hältst. Es nutzt dir nämlich nichts, gegen den Muskelpanzer eines durchtrainierten Mannes anzukämpfen, es sei denn, du wählst bewusst Techniken, die die Verletzung von Muskeln zum Ziel haben. Ich möchte dir zeigen, welche Wirkung du erzielst und ob du nur Schmerzen verursachst oder richtig verletzt. Und wenn du verletzt, was du kaputt machen kannst. Dadurch solltest du deine Chancen in einer gewalttätigen Auseinandersetzung realistischer einschätzen können, dir aber gleichzeitig auch über die Verantwortung, die du trägst, im Klaren sein, wenn du einen anderen Menschen attackierst. Du sollst begreifen, welches Verletzungspotenzial in einigen Techniken steckt und wie gefährlich du sein kannst, wenn du dich dementsprechend wehrst.

Die Augen:
- Fingerstich, Daumenstich
  - ➜ Schmerzen, Verletzung der Augen, Verlust der Augenlichts

Die Nase:
- Druck unter den Nasensteg
  - ➜ Schmerzen
- Hammerfaustschlag von oben auf die Nase
  - ➜ Schocktechnik, Schmerzen, Nasenbluten, Abriss des Nasenknorpels, Nasenbeinbruch

Die Ohren:
- Pressluftschlag
  - ➜ Schocktechnik, Schmerzen, Irritation des Gleichgewichtsorgans im Ohr, Verletzung des Trommelfells

Die Jochbeine:
- Hammerfaust, Ellenbogenschlag, -stoß, Knieschlag, Fußtritt nur am Boden
  - ➜ Schmerzen, Prellung, Fraktur

Der Unterkiefer:
- seitliche Hammerfaust, Ellenbogenschlag, -stoß, Knieschlag, Fußtritt nur am Boden
  - ➜ Schmerzen, Prellung, Fraktur

Der Kehlkopf:
- Schlag mit der flachen Hand
  - ➜ Schocktechnik, unangenehmes Gefühl, Schluckbeschwerden
- Schlag mit der Handkante oder Hammerfaust
  - ➜ unangenehmes Gefühl, Schluckbeschwerden, Verletzung des Kehlkopfes, Atemnot, TOD

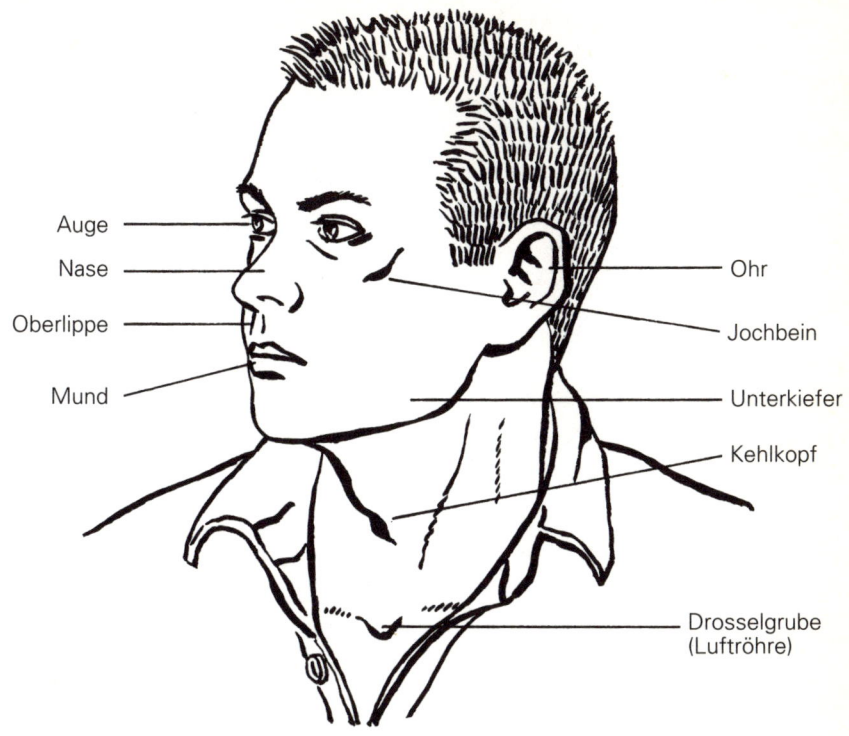

- Krallen hinter den Kehlkopf
  → Schocktechnik, unangenehmes Gefühl, Schluckbeschwerden, Verletzung des Kehlkopfes

Die Drosselgrube:
- Fingerstich
  → Schocktechnik, sehr unangenehmes Gefühl, subjektive Schluckbeschwerden, Schmerzen, Verletzung der Luftröhre

Die Schlüsselbeine:
- Hammerfaust, Ellenbogenschlag
  → Schmerzen, Fraktur

Der Solarplexus:
- Ellenbogenstoß, Knieschlag, Hammerfaust nur am Boden
  → Atemnot und Benommenheit bis hin zu zeitweiligem Atemstillstand und Bewusstlosigkeit

Die kurzen Rippen:
- Ellenbogenstoß, Knieschlag, Hammerfaust
  → Schmerz, Atemnot, Fraktur

Die Blase:
- Kniestoß
  → spontaner Harnabgang, Schmerzen, innere Blutungen, Platzen der Blase

Die Genitalien:
- Schlag mit dem Handrücken auf die Genitalien
  → Schocktechnik, Schreck, Schmerz
- Schlag mit der Faust in die Genitalien
  → Schmerz, Quetschungen, Bewusstlosigkeit, Verlust der Zeugungsfähigkeit
- Hodenquetschen
  → Schmerz, Quetschungen, Bewusstlosigkeit, Verlust der Zeugungsfähigkeit
- Kniestoß in die Genitalien
  → Schmerz, Quetschungen, Bewusstlosigkeit, Verlust der Zeugungsfähigkeit

Die Leisten:
- Stoß mit den Fäusten
  → Instabilität, Schmerzen

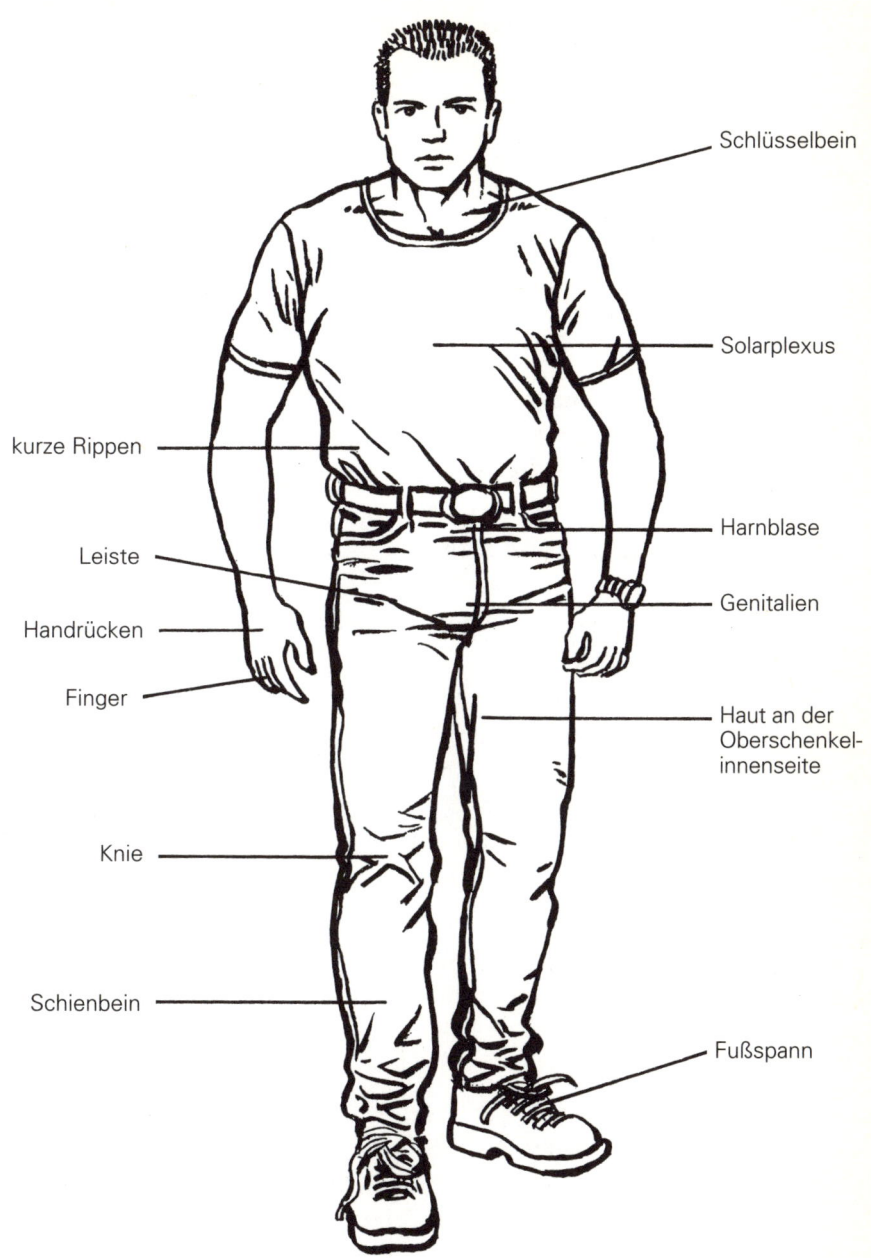

hochstößt, muss sich der Typ nach vorne abstützen, wo du allerdings deine Arme wegziehst. Entweder lässt er los oder er fällt auf die Nase.
Fast jeder wird loslassen und dann ist der Rest logisch. Mach dir klar, dass du noch immer über alle Waffen verfügst und sie funktionieren wie im Stehen.
Auch wenn sich die Techniken in der Theorie sehr überzeugend anhören, solltest du immer damit rechnen, dass der Typ eventuell mehr wegstecken kann als du denkst. Vielleicht kümmert ihn seine gebrochene Nase nicht. Unterschätz deinen Gegner nicht! Er wird sich wehren wollen und schlägt vielleicht sogar zurück. Mach dich also möglichst früh mit dem Gedanken vertraut, nicht unbeschadet aus einem Zweikampf hervorzugehen.

Unterschätz deinen Gegner nicht!

Die Oberschenkelmuskulatur:
- Kniestoß
  → Schmerz, Hämatom, Prellung

Die Knie:
- Stampftritt
  → Instabilität, Schmerz, Verletzung der Haltebänder und Menisken, bleibende Bewegungseinschränkung

Die Schienbeine:
- Fußtritt
  → Schocktechnik, Schmerz, Prellung, Fraktur

Die Hände und Finger:
- Reiben mit den Faustknöcheln über den Handrücken
  → Schocktechnik, Schmerz, Hämatom
- Stampftritt nur am Boden
  → Schmerz, Prellung, Fraktur, bleibende Bewegungseinschränkung
- Brechen eines Fingers
  → Schmerz, Abriss von Sehnen und Bändern, Fraktur, bleibende Bewegungseinschränkung

Der Fußspann:
- Stampftritt
  → Schocktechnik, Schmerz, Prellung, Fraktur

Das Genick:
- Genickdrehhebel
  → unangenehmes Gefühl, Fraktur oberer Wirbel mit Querschnittslähmung oder TOD
- Ellenbogenstoß von oben
  → Fraktur oberer Wirbel mit Querschnittslähmung oder TOD

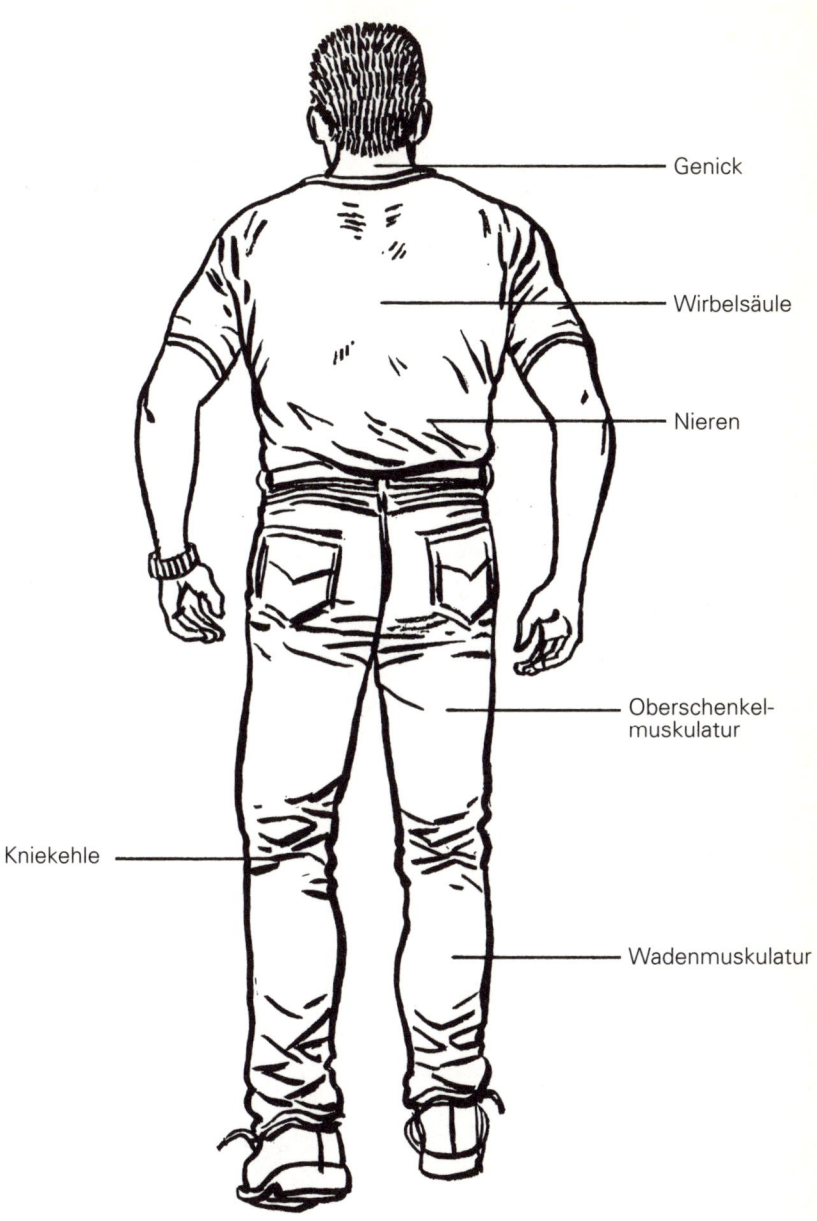

- Stampftritt nur am Boden
  → Fraktur oberer Wirbel mit Querschnittslähmung oder TOD

Die Wirbelsäule:
- Ellenbogenstoß
  → Schmerz, Prellung, Wirbelfraktur mit Querschnittslähmung
- Stampftritt nur am Boden
  → Schmerz, Prellung, Wirbelfraktur mit Querschnittslähmung

Die Nieren:
- Hammerfaust
  → Schocktechnik, Schmerz, Verletzung des Organs mit innerer Blutung, Verlust der Nieren
- Ellenbogenstoß
  → Schocktechnik, Schmerz, Verletzung des Organs mit innerer Blutung, Verlust der Nieren
- Stampftritt nur am Boden
  → Schmerz, Verletzung des Organs mit innerer Blutung, Verlust der Nieren

Die Kniekehlen:
- Stampftritt
  → Instabilität, Schmerz, Verletzung der Haltebänder und Menisken, bleibende Bewegungseinschränkung

Die Wadenmuskulatur:
- Stampftritt
  → Instabilität, Schmerz, Prellung

die frauenselbstverteidigung

Es gibt unzählige Tipps und Tricks um »sicher« durchs Leben zu kommen. Mindestens genauso viele Taktiken und Techniken stehen dir zur Verfügung, um deinen Gegner »kampfunfähig« zu machen. Doch um diese zu beherrschen, bedarf es einer Schnellkraft, Gelenkigkeit und Koordination, wie sie ein untrainierter Mensch noch nicht besitzt. Folglich sind all diese Techniken wahrscheinlich nichts für dich. Was du zu deiner Verteidigung benötigst, sind relativ wenige, unspektakuläre und effektive Techniken. Du musst nicht besonders fit sein, um dich zu verteidigen; bist du es allerdings, hast du zweifellos mehr Möglichkeiten, eine Verteidigungstechnik konsequenter durchführen zu können. Ich habe mich gefragt, welche Fertigkeiten du erlangen solltest, damit du dich in unangenehmen Lebenslagen behaupten und in bedrohlichen Situationen verteidigen kannst. Es gibt nicht übermäßig viele Techniken, die für die Frauenselbstverteidigung ein hohes Maß an Effektivität und Kompromisslosigkeit versprechen, und das ist gut so. Weniger ist auch hier mehr, wobei du ein Minimum an Techniken verinnerlicht haben solltest, denn weder ein guter Angriff noch eine gute Verteidigung besteht aus einer einzigen Technik.

Die von mir zusammengetragenen Techniken sind für Mädchen und Frauen geeignet, einen Angriff konsequent, gezielt und effektiv abzuwehren und dem Angreifer die Lust an seinem Vorhaben zu nehmen. Nicht immer werden diese Techniken mit deinem Verständnis von Ethik, Menschlichkeit und Fairness übereinstimmen. Doch wie menschlich ist eine Vergewaltigung? Was für ein Verständnis von Ethik hat einer, der dich seit Stunden missbraucht? Wie fair ist es, wenn dich ein Mann, der locker 30 Kilo mehr wiegt als du, fesselt und schlägt, bevor er dich vergewaltigt?

Du musst nicht besonders fit sein, um dich zu verteidigen.

Vor allem musst du dich verteidigen wollen, denn die besten Techniken nutzen nichts, wenn du sie nicht wirklich konsequent anwenden willst.

Im Anschluss an dieses Kapitel findest du also eine Auswahl der Techniken, die dir eine effektive, rationale und kompromisslose Selbstverteidigung ermöglichen, welche wiederum an der Realität und an gewalttätigen Situationen orientiert ist.

Mach dir klar, dass das Konzept dir keinen 100%igen Schutz verspricht. Mach dir bitte klar, dass das Konzept dir keinen 100%igen Schutz verspricht. Das kann niemand. Auch wenn ich die Techniken hier im Buch relativ deutlich beschreibe, möchte ich nicht, dass du dieses Buch als Ersatz für einen Frauenselbstverteidigungskurs ansiehst und dich schon gar nicht für unbesiegbar hältst. Jeder findet seinen Meister, leg es nicht darauf an.

Die folgenden sechs Punkte möchte ich dir gerne genauer erläutern:

❶ Den Angriff rechtzeitig wahrnehmen und richtig reagieren

Grundsätzlich werden zwei Arten von Angriffen unterschieden:

a) *Angriff von einem Wildfremden*
Fremde Männer werden relativ viel körperliche Gewalt anwenden, um dich gefügig zu machen. Sie werden dich unvermittelt angreifen. Deine volle Aufmerksamkeit ist gefragt. Bleib also in der Realität und schwelge an der Bushaltestelle nicht in Romanwelten oder den sphärischen Klängen deines Mini Discman. Null Punkte gibt es auch für das Herumlaufen unter Alkohol- oder Drogeneinfluss. Du brauchst deine Sinne, damit du bedrohliche Situation rechtzeitig erkennst. Gib deinem Schutzengel eine Chance, vertrau auf deine Intuition und stell dich bei einem unguten Gefühl auf eine Auseinandersetzung ein.

b) *Angriff von einem Bekannten*
Die meisten Übergriffe finden allerdings im sozialen Nahraum statt und beginnen daher mit eher harmlos wirkenden Grenzüberschreitungen, die in dir Unbehagen auslösen. Der Trick dabei ist, dass diese Leute dir immer nur so viel Unbehagen bereiten, dass du es noch nicht richtig schlimm findest, dich deshalb nicht wehrst und nichts sagst. Mach dir klar, was du willst und setze deine Grenzen. Dein Gefühl ist wichtiger als das, was Erwachsene sagen oder irgendwelche gesellschaftlichen Normen von dir verlangen. Du musst dir nichts gefallen lassen! Hör auf dein Gefühl. Du weißt am besten, welche Berührungen dir angenehm sind und welche nicht. Habe keine Angst davor, »Nein!« zu sagen. Du darfst das. Auch bei Verwandten, Autoritätspersonen und allen anderen Erwachsenen. Und wenn die dich nicht ernst nehmen, darfst du dich auch körperlich zur Wehr setzen, so wie du es in diesem Buch kennen gelernt hast.

Du musst dir nichts gefallen lassen! Hör auf dein Gefühl.

❷ Den bestehenden Körperkontakt beibehalten
Dich hat also tatsächlich jemand angegriffen oder nimmt dein »Nein!« nicht ernst? Sein Pech. Du hast nicht die Ausdauer, einen minutenlangen Kampf zu inszenieren. Mach es deshalb kurz und schmerzvoll. Das schaffst du am ehesten, wenn du deinen Angreifer nicht mehr weglässt, sobald du Körperkontakt mit ihm hast. Gewöhn dich daran, dass das aggressive Vorgehen in diesem Fall das Mittel der Wahl ist. Halt ihn fest, bis du mit ihm fertig bist, bis du wirkungsvolle Abwehrtechniken an den Mann gebracht hast. Du denkst, es widerspricht sich, jemanden abwehren zu wollen und gleichzeitig seine Nähe zu suchen? Nein. Jetzt bist du dran, du kehrst die Täter-Opfer-Beziehung um. Und weil du dich auf einen wechselseitigen Schlagabtausch nicht einlassen kannst, beschränkst du dich darauf, selbst nur auszuteilen, den Typen richtig zu

bearbeiten. Wühl dich durch ihn durch! Lass den Kerl nicht entwischen. Gefühle wie Angst und Ekel lassen den Wunsch aufkommen, sich möglichst schnell dieses widerlichen Typen zu entledigen. Das sollst du auch, aber erst, wenn du mit ihm fertig bist.

❸ Eine Schocktechnik vorschalten, um den Angreifer zu verwirren und ihm seine Siegessicherheit zu nehmen

Setz dem Angreifer Widerstand entgegen. Der Angreifer geht davon aus, dass er der Stärkere, der Mächtigere ist. Er ist auf Sieg eingestellt und erwartet weibliche Hilflosigkeit. Setz ihm entschlossenen Widerstand entgegen. Bereite deine Verteidigung mit ein paar Schocktechniken vor. Versuche möglichst viele Sinne gleichzeitig und vehement zu reizen. Du solltest ihn immer anbrüllen. Ich meine damit kein hysterisches Kreischen, sondern das ohrenbetäubende Herauspressen von Luft mittels Bauchmuskulatur. Dieser Schrei sollte für dich immer der Startschuss für deinen kontrollierten Wutausbruch sein. Du verwirrst ihn damit und nimmst ihm seine Siegessicherheit.

❹ Die Techniken beherzt und ohne Skrupel durchziehen
Viele Mädchen und Frauen glauben, sie könnten dieses oder jenes nicht machen, weil es eklig oder zu brutal sei. Ist eine Vergewaltigung weniger eklig oder brutal? Zu den ekligen bzw. brutalen Techniken zählen vor allem der Stich in die Augen und der Biss ins Gesicht, ähnlich wie das bewusste Brechen eines Fingers oder der Stoß in die männlichen Genitalien, erst recht, wenn diese schon entblößt sind. Sicher bedarf es bei all diesen Techniken einer gewissen Überwindung, doch ich denke, die Aussicht, eine bevorstehende Vergewaltigung zu vermeiden, sollte genug Ansporn für jede Frau sein, sich zu überwinden. Du solltest es lernen, mit aller Brutalität zu verletzen. Eine junge Frau, die schon eine Vergewaltigung erlebt hatte, sagte, dass

sie ohne zu zögern alles machen würde, um so etwas nicht noch einmal mitmachen zu müssen. Du kannst sicher sein, dass sie das kleinere Übel wählt, wenn sie sich überwindet, einem Mann ihre Daumen bis zu den Grundgelenken in die Augenhöhlen zu drücken. Die Entscheidung, ob du zu einer solchen Technik bereit bist, liegt ganz allein bei dir. Du musst dir darüber im Klaren sein, welche Konsequenzen dein Handeln aber auch dein Nicht-Handeln für dich haben könnte. Du denkst an den armen Täter, der durch dich schwere Verletzungen erleidet? Vergiss den Täter! Ich wüsste nicht, warum ich mir Gedanken um das Schicksal oder den Gesundheitszustand von jemandem machen sollte, der bereit ist, mich körperlich und vor allem psychisch zu verletzen, wenn nicht sogar zu töten.

Natürlich möchte ich nicht, dass du durch die Straßen läufst und alle Männer an ihren Eingeweiden an die nächste Laterne hängst, nur weil sie potenzielle Täter sind und du eine neue Seite an dir entdeckt hast. Du solltest lediglich bereit sein, jemandem weh zu tun, wenn dieser dir wehtun will. Wenn dich jemand verletzen will, solltest du bereit sein, ihn ebenfalls zu verletzen.

Du solltest bereit sein, jemandem weh zu tun.

❺ Mit aller Kraft nachsetzen

Du wurdest angegriffen, hast dich verteidigt und es geschafft, den Angreifer zu Boden zu schicken. Hast du auch schon mal gehört, dass es unfair ist jemanden noch weiter zu verhauen, wenn er am Boden liegt? Weißt du was? Scheiß drauf! Eine solche Situation ist denkbar ungünstig, um an deinen Ehrenkodex zu appellieren. Du hörst nicht auf, nur weil einer am Boden liegt, sondern du hörst erst auf, wenn für dich klar ersichtlich ist, dass er dich nicht mehr angreifen will oder kann. Es geht nämlich nicht darum, einen Körper zu zerstören, sondern den Angriffswillen deines Gegners. Und wenn du das Gefühl hast, der steht gleich wieder auf, dann setzt du nach. Du darfst dich so lange verteidigen, bis für dich klar ersichtlich ist, dass in diesem Mann kein Angriffswillen mehr steckt oder er nicht in der Lage ist, dir gefährlich zu werden. Lass dich also nicht durch sein Jammern oder Betteln davon abbringen, deine Notwehr vollends durchzuführen.

❻ In eine belebte Gegend fliehen und die Polizei informieren
Nachdem du also bis hierhin völlig korrekt gehandelt hast, solltest du deine Verteidigung sinnvoll abschließen, indem du kurz durchdenkst, wohin du am besten fliehen kannst. Was du aufsuchen solltest, sind Plätze mit vielen Menschen oder mit einer Möglichkeit, Hilfe für dich zu organisieren. Es ist von Vorteil, wenn du dir einmal einen Überblick verschaffst, wo in deinem Leben Orte sind, an denen rund um die Uhr Menschen sind.
Ich denke da an:
- Polizeiwachen, Krankenhäuser, Feuerwachen
- 24-Stunden-Tankstellen, Hotels ...

Leider nicht rund um die Uhr geöffnet sind dagegen:
- Kneipen, Restaurants, Discotheken

Hilfe bekommst du auch über den Notruf an Telefonzellen. Er funktioniert immer kostenlos. Entweder legst du den Notrufhebel um oder du wählst einfach 110. Halte Ausschau nach Notrufsäulen an Straßen oder Haltestellen in (U-)Bahnhöfen. Mach dir bewusst, wo sie stehen, und merk dir diese Standorte. Kontakt kannst du auch über den Taxi-Ruf bekommen. (Du hast zwar nur die Möglichkeit mit der Taxizentrale zu sprechen, aber die kann dann für dich die Polizei rufen.)
Wenn du in einer menschenleeren Innenstadt bist, hast du auch die Möglichkeit, gegen Schaufenster zu schlagen (bevorzugt Juweliere, HiFi-Läden, etc.) oder wirf, wenn es

die Zeit erlaubt, einen Gegenstand hinein. Die dortigen Alarmanlagen sind mit der Polizei oder einer Sicherheitszentrale verbunden, die dem »Einbruch« sofort nachgehen und eine Streife schicken.

Es bietet sich ebenfalls an, in den Vorraum einer Sparkasse oder Bank zu fliehen. Dieser Ort ist für einen Täter ungünstig, da er hell beleuchtet und meist per Kamera überwacht wird. Mach also so schnell wie möglich auf dich aufmerksam oder informiere direkt die Polizei, damit diese den Angreifer dingfest machen kann. Fliehe aber unter keinen Umständen direkt nach Hause. So programmierst du nämlich ein Wiedersehen vor, wenn er sieht, wo du wohnst.

Fliehe unter keinen Umständen direkt nach Hause.

Mach auf jeden Fall eine Anzeige, auch wenn dir nichts oder nur wenig passiert ist.

techniken ohne »waffen«

Ausgangslage: Du gibst jemandem die Hand und der lässt sie nicht mehr los.

Du legst deine andere Hand so über die seinige, dass dein Zeigefinger und dein Daumen ein »C« bilden. In diesem »C« befindet sich der Daumen des »Angreifers«. Das vorderste Glied deines Daumens liegt auf der Spitze des gegnerischen Daumennagels. Dein Zeigefinger ruht hinter dem Grundgelenk des gegnerischen Daumens.

Nun führst du deinen Zeigefinger und deinen Daumen so zusammen, als wolltest du mit den Fingern ein »O« bilden und stauchst dabei den Daumen des Gegners zusammen.

Mit den Worten: »Lassen Sie mich doch bitte los ... Danke!«, ziehst du nun deine Hand aus der seinigen.

Ausgangslage: Der »Angreifer« greift dir mit der rechten Hand an deine linke Brust.

Du legst deinen linken Handballen so auf seinen Handrücken, dass deine Finger um die Daumenseite seiner Hand fassen und dein Daumen auf seinen Fingergrundgelenken liegt. Was jetzt kommt, muss schnell gehen. Du schockst ihn mit einem Schrei und trittst ihm gleichzeitig vors Schienbein. Zur gleichen Zeit dreht deine linke Hand seine rechte Hand um und du fasst auch mit deiner rechten Hand zu. Du hältst jetzt seine rechte Hand an deiner Brust mit seinem Handrücken zu dir. Deine Daumen sind auf seinem Handrücken, deine Finger an seinem Handgelenk.

An dieser Stelle hältst du seine Hand fest und beugst deinen Oberkörper nach unten, hinten, links. Sein Körper wird seiner Hand folgen müssen, sodass er links von dir zu liegen kommt.

Wichtig ist es, die Technik nicht in zwei Phasen zu trennen. Also nicht erst schocken, kurz verschnaufen und dann he-

beln, sondern alles in einem Zug durchziehen.
Die Technik verletzt den Angreifer nicht nennenswert. Das heißt, dass er sofort wieder aufstehen und dich erneut angreifen kann, diesmal wahrscheinlich energischer. Ob diese Gefahr besteht, musst du in der konkreten Situation selbst entscheiden und gegebenenfalls unbedingt Punkt 5 der Frauenselbstverteidigung zur Anwendung bringen.

Ausgangslage: Der Angreifer umklammert dich von vorn, unter deinen Armen durch.

Du hast nun einige Techniken zur Auswahl, die unterschiedlich in ihrer Wirkung und deren Kombination an Kompromisslosigkeit schwerlich zu übertreffen sind. Da diese Techniken an sich schon schocken, ist eine zusätzliche Schocktechnik nicht von Nöten, aber wenn du deinen Gegner zusätzlich auch noch anschreist und ihm mit einem Stampftritt den Vorfuß brichst, ist dir außer ihm niemand böse.

- *1. sinnvolle Kombination*:
  Pressluftschlag auf die Ohren, Schlag in die Nieren, Kniestoß, Genickdrehhebel
- *2. sinnvolle Kombination:*
  Pressluftschlag auf die Ohren, Kopfstoß, Genickdrehhebel
- *3. sinnvolle Kombination:*
  Pressluftschlag auf die Ohren, Daumenstich in die Augen, Genickdrehhebel
- *... 172. sinnvolle Kombination:*
  Handkante gegen Nasensteg, Kniestoß, Ellenbogenstoß von oben, Knieschlag, an den Haaren zu Boden reißen ...

Deiner Phantasie sind hier keine Grenzen gesetzt. Es kommt lediglich darauf an, dass du seinen Griff lockerst, ihn durch Schmerz und Verwirrung instabil machst und zu Boden bringst, um dir Zeit zur Flucht zu verschaffen.

Ausgangslage: Anders ist es, wenn du von vorn umklammert wirst und deine Arme in diese Umklammerung miteinbezogen sind.

Ein Teil der durchaus effektiven Techniken kommt zunächst für dich nicht in Frage, da deine Bewegungsfreiheit eingeschränkt ist. Du bist deshalb aber nicht zum Stillhalten gezwungen, denn du hast deinen Kopf und deine Beine. Da dir zunächst nicht sehr viele »Waffen« zur Verfügung stehen, fällt auch deren Kombinationsmöglichkeit eher mager aus, was jedoch die Effektivität deiner Gegenwehr nicht gravierend vermindert. Je weniger Techniken dir zur Auswahl stehen, desto weniger musst du in der konkreten Angriffssituation entscheiden.

- 1. *sinnvolle Kombination:*
Stampf ihm auf den Fußrücken, ruhig mehrmals. Nimm dir die Zeit und schau zuerst, wo sein Fuß steht, damit du ihn triffst oder benutze sein Schienbein als Leitschiene und schrappe mit deinem Absatz an ihm herunter. Verpass ihm ein paar Kopfstöße, so lange, bis er locker lässt. Schaff mit einem Leistenstoß Platz zwischen ihm und dir. Wenn du das getan hast, dann halt ihn an der Hüfte fest und gib ihm ein paar Kniestöße in den Unterleib. Sind deine Arme jetzt frei, dann bring ihn zu Fall.
- 2. *sinnvolle Kombination:*
Sieh zu, dass du seinen Kopf an eine Wand drückst und beiß ihn ordentlich ins Gesicht. Verpass ihm ein paar Kopfstöße und reiß ihn auf den Boden. Wichtig ist, dass du nicht denkst »Oh Gott, der hält meine Arme fest, ich kann mich nicht bewegen!«, sondern dass du dich auf die »Waffen« konzentrierst, die du zur Verfügung hast. Die sind ausreichend, denn es ist nur eine Frage von wenigen Sekunden, wenn überhaupt, bis er seinen Griff gelockert hat und du wieder alle »Waffen« nach Belieben kombinieren kannst.

Ausgangslage: Unangenehmer kann da schon die Umklammerung von hinten unter den Armen hindurch sein.

Du gleitest mit deinen Händen auf seine Hände und nimmst einen Finger in deine Faust. Du tastest mit deinem Fuß nach dem seinigen und dann sollte wie immer alles ganz schnell gehen. Du stampfst ihm auf den Fuß, schlägst mit deinem Kopf ein paar Mal in sein Gesicht und ... brichst seinen Finger ... den Rest kennst du ja!

Ausgangslage: Du wirst von hinten umklammert, allerdings über den Armen.

Du lässt dich mit einem kleinen Ausfallschritt nach links aus seiner Umklammerung sacken. Um diese Bewegung zu unterstützen reißt du deine gestreckten Arme seitlich nach oben.

Danach stößt du ihm aus dem ganzen Körper heraus mit einer leichten Drehung deinen Ellenbogen in den Solarplexus. Anschließend führst du einen Ellenbogenstoß nach hinten und eine Hammerfaust in die Genitalien aus.

Bei allen Umklammerungsangriffen solltest du sein Ziel nicht aus den Augen verlieren. Wahrscheinlich will er dich wegtragen oder gleich auf den Boden legen. Dies kannst du deutlich erschweren oder sogar verhindern, wenn du ein Bein um sein Standbein schlingst und mit dem anderen stehen bleibst. Dies funktioniert sowohl beim Umklammern von vorn, als auch beim Umklammern von hinten.

Ausgangslage: Du wirst im Schwitzkasten gehalten.

Die Gefahr beim Schwitzkasten liegt darin, dass der Täter dich schnell zu Boden werfen kann ohne den Griff lösen zu müssen, und dass dir die Luft sehr knapp werden kann, was leicht sinnlose Panikreaktionen hervorruft.
Versuch jetzt nicht dich aus seinem Griff zu befreien, sondern schau dich um. Was siehst du? Kommst du an seine Eier ran? Dann schlag da rein, was das Zeug hält. Hat er eine weite Hose an? Dann greif in sein Gemächte, schließ die Hand zur Faust und dreh und zieh in alle Richtungen, die uns die Dreidimensionalität bietet. Wenn du nicht so hart vorgehen willst, dann kneif in die Innenseite seines Oberschenkels. Sobald er den Griff gelockert hat, müssen Ellenbogenstöße von dir folgen.

Ausgangslage: Du wirst am Hals gewürgt.

Damit ist nicht zu spaßen und zögerliches Vorgehen kann dir hier zum Verhängnis werden.
Du kommst vielleicht einige Minuten ohne Atmung aus, aber dein Gehirn übersteht nur wenige Sekunden ohne Blutzufuhr. Handle also sofort und ultimativ! Wenn dich der Typ mit gestreckten Armen würgt, dann schlag ihm mit aller Kraft von oben in die Ellenbeugen, damit er seine Arme anwinkelt, der Würgegriff sich lockert und er näher an dich herankommt. Steht er dicht vor dir, dann ramm ihm gleich deine Daumen in die Augenhöhlen und/oder schlag ihm auf den Kehlkopf. Dein Leben ist in akuter Gefahr!

Ausgangslage: Du befindest dich mit deinem Angreifer bereits in der Bodenlage. Er sitzt auf dir drauf und hält deine beiden Arme fest.

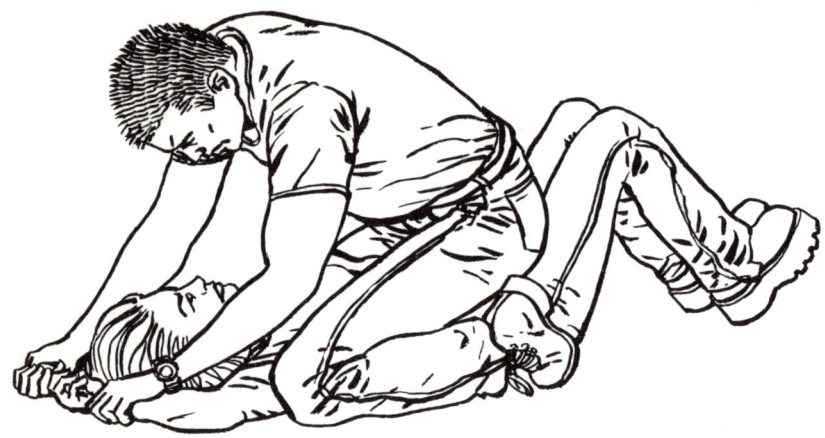

Du stellst zunächst deine Beine auf, dann reißt du beide Arme gleichzeitig seitlich im Bogen herunter zu deinen Oberschenkeln und stemmst explosionsartig im selben Moment dein Becken in die Höhe. Weil du dein Becken

techniken mit »waffen«
Abwehrmittel und gefährliche Gegenstände

Die Handhabung von Waffen ist oft problematisch.

Viele Menschen halten es immer noch für das Sicherste und Bequemste, sich mit allerlei »Waffen« kampfkräftig auszurüsten. Es ist jedoch ein Fehler, sein persönliches Sicherheitsgefühl durch den Besitz einer Waffe oder eines Abwehrmittels stärken zu wollen. Denn man traut sich auf einmal Dinge zu, vor denen man vorher berechtigte Angst hatte. Ich verzichte deshalb darauf, dir die nicht immer unproblematische Handhabung, die zweifelhaften Wirkungsweisen, die umfangreichen Nach- und die vereinzelten Vorteile dieser »Waffen« zu erläutern. Schreckschuss- oder Gaspistolen, Nierenstichel, CS-, CN- oder Chilly-Pfeffer-Spray, Schlagringe, Totschläger oder Paralyser (Elektroschockgeräte), Stahlruten, Messer oder Shrillalarms. Nichts davon kann ich dir empfehlen.

Ich persönlich bevorzuge einen guten Kuli aus Stahl oder besser einen stabilen Regenschirm mit Stahlspitze. Damit kann man sich effektiv verteidigen.

Du solltest aber wissen, dass jeder Gegenstand, der als Waffe missbraucht wird, als gefährliches Werkzeug gilt und die Benutzung eine Straftat darstellt. Wenn dir das zu heikel ist, dann überspring doch einfach das nächste Kapitel. Das machst du dann aber auf eigene Gefahr.

techniken mit gefährlichen gegenständen

Der Kugelschreiber
Er sollte ganz aus Metall sein und eine Großraummine besitzen (die ist nämlich auch aus Metall). Er ist die »Nahdistanzwaffe« schlechthin und wird folgendermaßen in die Hand genommen:
Du machst eine Faust und rollst dabei den Kuli mit deinen Fingern ein. Die Mine schaut an der Kleinfingerseite heraus, der Daumen drückt die Mine heraus und hält sie in Richtung des Gegners. Jetzt hast du im Prinzip nicht viel mehr zu machen als dem Angreifer deinen Kuli in verwundbare, schmerzempfindliche Stellen zu hacken.

Der Schirm
Er sollte auf keinen Fall zusammenschiebbar sein und eine stabile Metallspitze haben. Der Griff lässt sich am besten halten, wenn er eine weite U-Form hat. Der Schirm ist gut geeignet, um jemanden auf Distanz zu halten und ihm die Richtung zu weisen, in die er sich gefälligst verpissen soll. Dir ist es zu uncool, immer mit einem Schirm herumzulaufen? Blödsinn! Nicht mal stahlharten Hools ist es zu uncool, im Sommer mit ihren Schirmen zum Fußballspiel zu gehen. Hab deinen eigenen Kopf! Das fängt mit so kleinen Dingen wie einem Schirm bei Sonnenschein an. Wenn du den Schirm allerdings zur Abwehr benutzen möchtest – so geht's:

Der Schirm ist gut geeignet, um jemanden auf Distanz zu halten.

Der einhändige gerade Stich zum Körper oder ins Gesicht:

Der zweihändige Stoß zum Körper oder ins Gesicht: Du fasst den Schirm von oben. Mit einer Hand hältst du ihn zirka 20 cm hinter der Spitze und mit der anderen Hand am Griff.
Stich von oben: Halte den Schirm etwa auf Kopfhöhe.

Stich aus der Körpermitte: Du fasst ihn wie oben, hältst ihn jedoch auf Bauchhöhe. Diese Variante lässt dir die meisten Angriffsmöglichkeiten und ist am schwersten abzuwehren, da deine angewinkelten Arme eine kleine Angriffsfläche bieten und du sie immer noch gerade herausstoßen kannst.

Vergiss nicht: Dein Sicherheitsgefühl darf nicht auf dem Besitz irgendeiner Waffe eines Kulis oder eines Schirmes basieren, sondern muss in dir ruhen. Die Fähigkeit dich zu verteidigen ist in dir und nicht in einem Gegenstand. Dieser erleichtert dir nur die Verteidigung, das ist alles.

die verteidigung gegen waffen

Grundsätzlich rate ich dir, bei vorgehaltener Waffe, egal was für eine es ist, wegzulaufen. Gelingt dir eine Flucht nicht oder erscheint sie dir auf Grund äußerer Umstände unmöglich, solltest du den Typen platt machen. In diesem Fall ist es allerdings wahrscheinlich, dass du verletzt wirst. Aber du wirst davon nicht viel oder gar nichts mitbekommen, denn dein hoher Adrenalinspiegel macht dich zunächst unempfindlich für Schmerz. **Lauf weg oder mach den Angreifer platt!**
Ich unterscheide zwei Typen von Waffennutzern:

1. Es gibt Typen, die wollen dich mit ihrer Waffe nur einschüchtern. Sie würden eine Waffe nie benutzen, um jemanden zu verletzen, denn dafür sind sie zu schlau oder zum Glück zu harmlos. Hier kannst du also relativ gefahrlos weglaufen, bzw. dich verteidigen.
2. Die andere Sorte wird ihre Waffe benutzen. In diesem Fall ist es umso wichtiger, dass du dich dünne machst, und/oder dich so schnell und so heftig wie möglich wehrst, denn je länger du mit deiner ultimativen Gegenwehr wartest, desto eher bekommt der Typ dich und die Situation unter Kontrolle. Dadurch werden die Voraussetzungen für seine Tat immer günstiger und die Tat selbst immer wahrscheinlicher. Also: lauf weg oder mach ihn platt. Und solltest du seine Waffe in die Hände bekommen, benutze sie und wirf sie um Himmels willen nicht einfach weg. Wenn du seine Waffe benutzt, dann versuch ihn mittig zu treffen, egal ob es eine Schuss- oder Stichwaffe ist.

das einschleifen der techniken

Eine gute Übung ist das Visualisieren deiner Selbstbehauptung oder -verteidigung. Du nimmst dir etwas Zeit und Ruhe und stellst dir eine Situation vor, in der du bedroht wirst. Versuch dir alles so realistisch wie möglich in deiner Fantasie auszumalen. Bring Farbe ins Bild und Ton in Unterhaltungen. Fang harmlos an. Du erlebst richtig, wie du angemacht und bedrängt wirst und wie du dich verteidigst und siegst. Programmiere dich auf Sieg! Du musst immer so lange kämpfen, bis du deinen Gegner besiegt hast. Hör auf keinen Fall vorher auf, wiederhole bestimmte Situationen immer wieder und erweitere nach und nach dein Repertoire. So programmierst du dein Gehirn auf die richtigen Verhaltensweisen und Techniken. Ähnlich wie du deinen Körper über dein Gehirn auf Sieg einstellst, bereiten sich auch Wettkämpfer in vielen Sportarten auf ihren Sieg vor. Sie nehmen im Kopf vorweg, was der Körper anschließend leistet. Unzählige Male »erleben« sie ihren Sieg schon im Training und perfektionieren auf diese Weise ihre Techniken.

Deine Gewaltbereitschaft und vor allem deine Siegesgewissheit sind zu spüren, denn du strahlst sie aus, wenn du dich im Kopf überzeugt mit der Anwendung von Gewalt zu deinem Schutz auseinandersetzt.

Programmiere dich auf Sieg!

was tun, wenn es passiert ist?

Nach einer versuchten oder vollzogenen Vergewaltigung solltest du auf jeden Fall Anzeige gegen den Täter erstatten, auch wenn er dir unbekannt ist. Hoffnungslosigkeit, mangelndes Selbstwertgefühl und Ängste lassen jedes Opfer zunächst zweifeln, ob der Weg zum Gericht berechtigt, sinnvoll und für die Verarbeitung des Geschehenen von Nutzen ist.

Eins ist klar: Nichts, auch nicht der Gang vor Gericht macht ein Erlebnis oder eine Tat, gleich welcher Art, wieder ungeschehen. Aber du hast das Recht und die Pflicht, dieses Unrecht anzuzeigen. In dem Moment, wo du das Unrecht nicht anklagst, tolerierst du es. Du kannst nicht da stehen und sagen: »Ich bin zwar vergewaltigt worden und das war absolut schrecklich, aber ich mache nichts dagegen und gebe dem Täter damit die Möglichkeit, mich noch mal zu vergewaltigen oder irgendein anderes Mädchen.« Du hast eine Verantwortung dir und allen anderen Mädchen und Frauen gegenüber. Deine Anzeige ist vielleicht das Ende einer Vergewaltigungsserie und macht deutlich, dass du dich von der Tat distanzierst. Zeigt das Opfer ein Vergehen nicht an, schleicht sich im Opfer selbst sehr schnell das Gefühl einer Mitschuld ein. Damit nimmt die Vergewaltigung der Seele ihren Lauf. Lass es nicht zu! Vertrau dich einer Freundin, deinen Eltern oder einem Notruf an. Komm zu dem Entschluss, die Straftat anzuzeigen! Die Folgen, die aus einer Anzeige resultieren können, scheinen unabsehbar. Wieder ist es die unberechtigte Scham, die ein Opfer daran hindert, das Unrecht anzuklagen. Angst ist da womöglich auch vor der Rache des Täters. Ich kann dir diesbezüglich nur raten, dich an eine Selbsthilfegruppe zu wenden. Sprich auf jeden Fall dort über deine Ängste und denk darüber nach, was wäre, wenn du den Täter nicht an-

Du hast eine Verantwortung dir und allen anderen Mädchen und Frauen gegenüber.

gezeigt hättest. Täter greifen immer wieder gern auf Opfer zurück, die für sie keine Gefahr bedeuten ... Das Gewicht der Druckmitteltrias wird immer gewaltiger.

Oder hast du Angst, zur Polizei zu gehen, weil du das Gefühl hast, eine Lawine loszutreten, die du nicht mehr stoppen kannst? Ich zeige dir in diesen Kapiteln, dass du mehr Macht und Einfluss auf den Verlauf der Strafverfolgung und den Strafprozess hast, als du denkst. Werde dir deiner Macht bewusst. Du bist weder zur Hilflosigkeit noch zur Passivität verurteilt.

Gehen wir einmal von dem unerfreulichen Fall aus, dass sich jemand an dir vergangen hat.

1. Besorg dir in dieser Situation, in der sich jede einsam und verraten vorkommt, als Erstes moralische Unterstützung bei Eltern, Geschwistern, Freundin oder jemandem vom Notruf. Du denkst vielleicht zunächst, du schaffst es allein, aber glaub mir, du wirst jemanden brauchen!
2. Du solltest auf keinen Fall duschen, auch wenn du in diesem Moment kein dringenderes Bedürfnis verspürst. Putz dir nicht die Zähne und geh nicht auf die Toilette. Du würdest wichtige Spuren beseitigen, die zur Ermittlung des Täters erforderlich sein könnten, auf jeden Fall aber als Beweis dienlich sind.
3. Genauso solltest du auch deine Kleidung nicht wegwerfen oder waschen. Zieh sie aus und pack sie in einen sauberen Plastikbeutel. Nimm sie mit zu Polizei und Arzt.
4. Deine Begleitung sollte dich nun zu einer Kriminalpolizeidienststelle fahren. Hast du niemanden, der dich fahren kann, ruf bei der Polizei an und sag, was passiert ist. Du wirst dann von ihnen abgeholt.

- Bei der Kripo kannst du deine Anzeige aufgeben. Du hast ein Recht darauf, mit einer Frau zu sprechen. Weil sich manche Straftaten nur in Details unterscheiden, die für das Erleben des Opfers keine Rolle spielen, für die Anzeige aber wichtig sind, kann es sein, dass die Beamtin ziemlich genau nach eben diesen Details fragt.
- Lass dir von ihr die Vorgangsnummer deiner Akte geben.
- Die Polizei darf dich von einer Frauenärztin untersuchen lassen, um Verletzungen festzustellen, zu dokumentieren und eventuell gleich zu versorgen. Vielleicht macht die Ärztin Abstriche von Haut und Schleimhaut, um wichtige Spuren, wie Sperma, Blutreste, Speichelspuren, Haare oder Gewebereste zu sichern.
- Zur Dokumentation kann es nötig sein, dass Fotos von den Verletzungen und betroffenen Stellen gemacht werden müssen, die auch im Intimbereich liegen können. Ein Polizist hat jedoch nicht das Recht, sich deinen Intimbereich, deine Brüste oder deinen Po anzusehen.
- Die Ärztin darf dir eine Blutprobe entnehmen, um festzustellen, ob und wenn, wie stark du während der Tat unter Alkohol-, Drogen- oder Medikamenteneinfluss gestanden hast. Die Tatsache, dass du eventuell irgendetwas intus hattest, ist nicht schlimm!
- Sag der Ärztin, wenn du die Pille danach haben möchtest.
- Wenn die Polizei befürchten muss, dass Spuren am Tatort vom Täter beseitigt oder witterungsbedingt verwischt werden könnten, darf sie gleich zum Tatort fahren. Dann kann es sein, dass dich die Beamten bitten, sie hinzuführen, du musst aber nicht bis zum Tatort mitgehen.
- Wenn du eine Anzeige »gegen Unbekannt« machst, wird dir wahrscheinlich eine Lichtbildkartei mit einschlägig Vorbestraften vorgelegt werden.

- Nachdem du deine Anzeige aufgegeben hast, wirst du bei der Polizei noch vernommen. Das kann, muss aber nicht am selben Tag sein. Wird dir die Vernehmung zu viel, so hast du das Recht, Pause zu machen, was zu trinken zu bekommen oder sogar nach Hause zu fahren. Niemand kann dich zwingen, da zu bleiben. Du kannst auch gehen, wenn du unsensibel behandelt wirst.
- Bist du bei der Polizei nicht vollständig oder gar nicht vernommen worden, so musst du dich bei der Staatsanwaltschaft vernehmen lassen. Das hat den Vorteil, dass du deinen Rechtsanwalt mitnehmen darfst, was bei der Polizei nicht zugelassen werden muss.

Erstatte Anzeige und nimm dir einen Anwalt. Sollte die Polizei deine Anzeige nicht aufnehmen wollen, gehst du zur Staatsanwaltschaft oder zum Gericht, erstattest dort Anzeige und beschwerst dich über die Polizei, die zur Aufnahme deiner Anzeige verpflichtet gewesen wäre.

Du hast noch keinen Anwalt?

Dann frag bei einer Hilfsorganisation nach oder ruf den Anwalt-Suchservice an: (Tel.: 0180/5 25 45 55) Hier bekommst du kostenlos drei Anwälte in deiner Nähe genannt, die sich auf deine Art von Verfahren spezialisiert haben.

Der Anwalt erläutert dir bestimmt gerne, was nötig ist, damit du als Minderjährige ihn beauftragen kannst, dich zu vertreten, und klärt für dich auch die Kostenfrage. Du wirst dich wundern, wie leicht es in diesem Rechtsstaat ist, rechtlichen Beistand zu bekommen, auch für dich! Zudem ist dein Anwalt auch in der Lage, dir die Angst vor der übermächtig und undurchsichtig erscheinenden Justiz zu nehmen. Lass dir jeden Begriff, den du nicht kennst, von ihm erklären und Zusammenhänge aufzeigen. Der Justizapparat verliert an Schrecken, du weißt, worum es geht, wenn du Fach-Chinesisch hörst oder liest und du fasst Vertrauen zu deinem Anwalt.

deine rechte im strafprozess

Während des Strafprozesses bist du nicht zum teilnahmslosen Zuschauen verdammt. Das Gesetz hält Opfern von Nebenklagedelikten, einen Platz neben dem Staatsanwalt frei. Zu den Nebenklagedelikten gehören unter anderem auch Sexualstraftaten. Um Nebenklägerin zu werden, musst du nur einen formlosen Antrag stellen, dass du als solche zugelassen werden möchtest. Dein Anwalt wird das für dich in die Wege leiten. Bist du dann als Nebenklägerin zugelassen, so hast du eine Menge Rechte, die dir einen Stand im Gericht verschaffen, der mit dem eines Staats- oder Rechtsanwaltes zu vergleichen ist und somit bist du keineswegs nur das arme Opfer über dessen Kopf hinweg verhandelt wird. Du solltest dich aber immer mit deinem Anwalt absprechen, da sich die Juristerei bisweilen sehr verwirrend darstellt und er, im Gegensatz zu dir, Akteneinsicht hat.

Besprich dich immer mit deinem Anwalt.

mögliche seelische folgen

Ich habe viele Ansätze gehabt, dieses Kapitel zu schreiben und fast ebenso viele wieder verworfen. Ich denke, dass es mir als Mann nicht zusteht zu schreiben, wie unwohl sich ein Mädchen oder eine junge Frau als Missbrauchsopfer vermutlich fühlt. Ich möchte dir lediglich den Rat geben, dich gegebenenfalls an Menschen zu wenden, die versuchen, dir zu helfen, so ein Erlebnis aktiv zu verarbeiten. Vertrau dich einem Menschen an! Geh zu einer Freundin, deinen Eltern, deiner Lehrerin, einer Kollegin oder such dir professionelle Hilfe, die sich in Notrufen, Selbsthilfezentren und Frauenhäusern organisiert hat. Wenn du ein traumatisches Erlebnis für dich behältst, wird es dich auffressen. Du wirst dich fragen, warum gerade dir das widerfahren ist, was du falsch gemacht haben könntest, ob du es irgendwie hättest verhindern können oder ob du sogar selbst schuld bist. Das Mühlrad in deinem Kopf wird sich drehen und deine Persönlichkeit, dein Selbstwertgefühl und deine Freude am Leben zermahlen. Instinktiv wissen Opfer, dass sie aufhören müssen, sich von ihren Gedanken quälen zu lassen und sie beenden die Tortur, indem sie einen Schuldigen für das Geschehene ausfindig machen. Sie geben sich selbst die Schuld, aber nicht nur weil sie meinen, nichts mehr wert zu sein, sondern auch um das Gefühl der Hilflosigkeit zu überwinden. Während einer Vergewaltigung dem übermächtigen Täter ausgeliefert zu sein, kann in Überlebenden ein beängstigendes Gefühl der Machtlosigkeit hinterlassen. Indem sie sich die Schuld an der Tat geben, geben sie sich ein Stück Macht zurück. Doch sie sollten nie den Fehler machen und Schuld mit Verantwortung verwechseln. Sie tragen die Verantwortung für sich, aber Schuld an einer Vergewaltigung hat einzig und allein der Täter. Auch wenn die Opfer akzeptieren,

Verwechsle nie Schuld mit Verantwortung!

dass sie keine Schuld haben, werden sie überlegen, was sie hätten vielleicht anders machen können oder welche schicksalhaften Fügungen sie zu dieser Zeit an diesen Ort geführt haben.

Aus diesem Grund ist es wichtig für dich im Vorfeld alles für deine Sicherheit zu tun, was du tun kannst. Es geht nicht nur darum, dass dir nichts passiert, sondern auch darum, dass, wenn dir was passiert, du dich nicht mit Selbstvorwürfen zu Grunde richtest. Solltest du nicht alles für deine Sicherheit getan haben und einmal ein Opfer werden, wird es dir schwer fallen, dir deine Nachlässigkeit zu verzeihen. In diesem Fall solltest du unbedingt professionelle Hilfe in Anspruch nehmen. Du kannst jahrelang quälendes Leid ausleben oder lernen, dich aus dieser Erfahrung heraus persönlich weiterzuentwickeln. Du lebst.

Vertrau nicht auf die Zeit, die angeblich alle Wunden heilt, denn die Wunden heilen nicht, du gewöhnst dich nur an den Schmerz.

Selbstvorwürfe bringen nichts.

der selbstverteidigungskurs
Sinn und Unsinn

In vielen Orten werden Selbstverteidigungskurse für Mädchen und Frauen angeboten. Du solltest darauf achten, dass die gezeigten Techniken nicht nur auf einer Kampfsportart beruhen, denn Kampfsport ist mit all seinen Regeln eben nur ein Sport. Wenn du Kampfsport machen willst, dann geh lieber in einen Verein, denn das ist billiger und dir ist bewusst, dass du nur Sport machst. Wenn du noch jünger bist, solltest du auch darauf achten, dass der Kurs von einer Frau geleitet wird. Die kann deine Ängste und Sorgen wahrscheinlich besser verstehen als ein Mann und somit besser auf dich eingehen. Du traust dich vielleicht auch eher einer Frau Fragen zu stellen, die die Sexualität betreffen und die unter Frauen natürlich lockerer besprochen werden können. Irgendwann solltest du aber auch einmal darauf bestehen, deine Selbstverteidigung an einem Mann zu testen, denn nur ein Mann greift wie ein Mann an und gibt dir die Gewissheit, dass deine Verteidigung auch wirklich funktioniert. Wenn du nur mit Mädchen und Frauen trainierst, hast du zwar die Gewissheit, eine Frau besiegen zu können, aber der Zweifel bleibt, ob du auch einen »richtig starken« Mann besiegen könntest. Und Zweifel sind das Letzte, was ein Mädchen in einer Notwehrsituation haben sollte.

fitness

Gehörst du auch zu den Mädchen, die keine Lust auf Sport haben? Fühlst du dich vielleicht viel zu flach oder etwas zu pummelig oder gehörst du zu denjenigen, die es uncool finden, sich anzustrengen, weil das mit Schwitzen verbunden ist und das ist nun wahrlich nicht cool. Auch wenn ich mich gegen Fitnesstraining im Rahmen von Selbstverteidigungslehrgängen ausspreche, so heißt das nicht, dass ich dagegen bin, den Körper zu trainieren. Im Gegenteil, ich bin sogar der Meinung, dass es unmöglich ist, auf entsprechendes Fitnesstraining zu verzichten, wenn du deine Ausstrahlung, deine Einstellung und deine Wehrfähigkeit positiv verändern möchtest. Dazu gehört die Kräftigung der gesamten Körpermuskulatur ebenso wie eine Verbesserung der Kondition und die Steigerung des Körpergefühls. Jeden Tag zirka eine halbe bis eine Stunde Sport ist Zeit, die dein Leben grundlegend verändern wird. Du bist es, die dein Leben kontrolliert, in die Hand nimmt. Fehlt dir die Zeit, dich zu bewegen und dich zu fordern? Dann setze Prioritäten! Du bestimmst, ob du Zeit für etwas hast oder nicht. Statt dich von einer Daily-Soap einlullen zu lassen, kannst du was für deine Figur, deine Ausstrahlung, dein Selbstwertgefühl und deine Sicherheit tun. Du wirst sehen: Das geht einfacher, als du denkst.

Fitness, Ausstrahlung und Selbstwertgefühl gehören zusammen.

zu guter letzt

Geh produktiv mit deiner Angst um!

Wenn du nach der Lektüre dieses Buches mehr Angst als vorher hast, ist das eine ganz natürliche und positive Reaktion. Deine Angst ist ein Zeichen dafür, dass dein Bewusstsein für die Gefahren des täglichen Lebens erweitert ist. Angst ist ein innerer Kritiker. Du hast es in der Hand, produktiv damit umzugehen. Du wirst jetzt in Situationen Angst haben, die dir vorher sicher erschienen. Aber nicht, weil sie es waren, sondern, weil du blind für die Gefahr warst. Nutze die Phase der Erkenntnis dazu, dich zu verändern, bevor dir dein Verdrängungsmechanismus »Heile Welt« einblendet und alles beim Alten bleibt. Beschränk dich nicht einfach nur darauf, die unangenehmen Situationen zu meiden, lerne sie als Herausforderung zu betrachten und so mit ihnen umzugehen. Erst in zweiter Linie solltest du sie meiden, wenn sie sich wirklich zu einer unkalkulierbaren Gefahr für dich herauskristalisieren. Eltern verbieten dir zunächst sehr viel, weil sie sich einerseits hilflos fühlen, dich andererseits aber auch schützen wollen. Lass dir nicht einfach nur alles verbieten, werde aktiv. Es ist Zeit zu handeln. Dein Leben ist lebenswert, also lebe es. Und dein Leben ist schützenswert, also schütze es. Nimm dich in Acht vor deinem inneren Schweinehund und all den Leuten, die über deine Ängste und deine Bemühungen, mit diesen Ängsten sinnvoll umzugehen, lächeln. Niemand von ihnen kann und wird dir helfen, wenn du Hilfe brauchen solltest. Es wird dich in den ersten Wochen einige Mühen kosten, deinen Lebenswandel gegen all die verständnislosen Mitmenschen (häufig leider die eigene Familie und Freundinnen) zu verteidigen. Gefährliche Verhaltensweisen locken dich mit der Macht der Gewohnheit, doch irgendwann denkst du nicht mehr nach, wie du dein Bedürfnis nach Sicherheit und

Selbstbestimmung ausleben kannst, du tust es einfach. Dein Leben gewinnt an Qualität, denn du lebst bewusster. Du gewinnst in letzter Konsequenz an Freiheit, weil dein Leben sicherer wird. Dein selbstbestimmtes Leben, dein erstarktes Selbstbewusstsein und deine Sicherheit sind keine fernen Ziele, sondern ein Lebensstandard, ohne den kein Mädchen und keine Frau leben sollte, auch du nicht.

Wenn du nach der Lektüre dieses Buches Interesse daran haben solltest, noch mehr zu den Punkten »Sicherheit«, »Selbstschutz« und »Selbstverteidigung« zu erfahren, dann riskier doch mal einen Blick auf meine Homepage:

www.Sascha-Krefft.de

Hier sind einige Kapitel vertieft behandelt und du kannst unter anderem auch wichtige Adressen abrufen oder Kontakt zu mir aufnehmen, wenn du konkrete Fragen oder Anregungen hast.

wohin du dich wenden kannst

Selbsthilfegruppen, Notrufe und Schutzhäuser

Bundesweit haben sich Frauen zusammengeschlossen, um auch dir in Krisensituationen und schwierigen Zeiten zur Seite zu stehen. Wende dich vertrauensvoll an diese Frauen, wenn du Hilfe oder Rat brauchst. Die zahlreichen Gruppen, Vereine und Organisationen wollen jedem bedrohten/misshandelten Mädchen zeigen, dass ihre Situation kein Einzelfall ist und sie nicht dazu verdammt ist, ihre Not und ihr Leid allein zu ertragen.

Hier nun eine Liste einiger Beratungsstellen und Notrufe im Bundesgebiet, wobei leider die wenigsten Notrufe rund um die Uhr besetzt sind. Am besten, du überprüfst, ob es auch in deiner Nähe solche Organisationen gibt und erfragst dort die wichtigsten Informationen (z.B. gute Rechtsanwältin, gute Frauenärztin ...) vorab. Diese Infos kannst du dann in einer Art »Notfall-Briefumschlag« aufbewahren.

Oder du schaust im Internet bei www.Sascha-Krefft.de unter dem Stichwort »Beratungsstellen« nach. Dort findest du eine regelmäßig aktualisierte Adressenliste der Beratungsstellen und Notrufe im Bundesgebiet.

Notruf für vergewaltigte Frauen und Mädchen e.V.
Kurbrunnenstr. 48
52066 Aachen
Tel.: 0241/54 22 20

Frauenhaus
Postfach 4006
96015 Bamberg
Tel.: 0951/5 82 80

Lara
Krisen- und Beratungszentrum für vergewaltigte Frauen und Mädchen
Tempelhofer Ufer 14
10963 **Berlin**
Tel.: 030/2 16 88 88

Beratung für Frauen und Mädchen bei (versuchter) Vergewaltigung e.V.
Hagenbruchstr. 2b
33602 **Bielefeld**
Tel.: 0521/12 42 48

Notruf für vergewaltigte und sexuell missbrauchte Frauen und Mädchen
Verein Frauen gegen Gewalt e.V.
Wilhelm Str. 27
53111 **Bonn**
Tel.: 0228/63 55 24

Brandenburger autonomes Frauenhaus
14776 **Brandenburg**
Tel.: 03381/30 13 27

Zerrspiegel e.V. Notruf für vergewaltigte Frauen und Mädchen
Gliesmaroder Str. 38
38106 **Braunschweig**
Tel.: 0531/2 33 66 67

Alraune e.V. – Treffpunkt, Beratung, Hilfe für Frauen und Kinder
32756 **Detmold**
Tel.: 05231/2 01 77

Notruf für vergewaltigte und sexuell belästigte Frauen und Mädchen
Adlerstr. 30
44137 **Dortmund**
Tel.: 0231/16 09 99

Frauenberatungsstelle Düsseldorf e.V.
Ackerstr. 144
40233 **Düsseldorf**
Tel.: 0211/68 68 54

Frauenhaus »Jeanne d'Arc«
15890 **Eisenhüttenstadt**
Tel.: 03364/4 37 86

Frauentreff Elmshorn
Notruf für vergewaltigte Frauen und Mädchen
Vormstegen 25
25336 **Elmshorn**
Tel.: 04121/66 28

Beratungsstelle für Frauen in Not
Allerheiligenstr. 120
99084 **Erfurt**
Tel.: 0361/7 46 21 45

Notruf und Beratung für vergewaltigte Mädchen und Frauen e.V.
Hauptstr. 118
91054 **Erlangen**
Tel.: 09131/20 97 20

Frauen helfen Frauen Essen e.V.
Notruf und. Beratung für Vergewaltigte Frauen und Mädchen
Zweigerstr. 29
45127 **Essen**
Tel.: 0201/78 65 68

Flensburger-Frauen-Notruf-Initiative
Postfach 15 45
24905 **Flensburg**
Tel.: 0461/29 0 01

Notruf und Beratung für vergewaltigte Frauen e.V.
Kasseler Str. 1a
60486 **Frankfurt am Main**
Tel.: 069/70 94 94

Notruf für vergewaltigte/belästigte Frauen und Mädchen
Schwarzwaldstr. 107
79117 **Freiburg i. Br.**
Tel.: 0761/3 33 39 oder 0761/2 85 85 85

Hilfe für Frauen in Not e.V.
Postfach 149
07502 **Gera**
Tel.: 0365/5 13 90 oder 0172/7 94 32 22 (Notruf)

Frauen-Notruf
Hilfe für vergewaltigte und sexuell belästigte Frauen und Mädchen e.V.
Postfach 18 25
37008 **Göttingen**
Tel.: 0551/44 6 84

Hamburger Mädchenhaus
Hamburg
Tel.: 040/42 84 90

Haus für alle
Büro der Hamburger Frauenhäuser
20357 **Hamburg**
Tel.: 040/4 30 21 76

Notruf für vergewaltigte Mädchen und Frauen
Bödekerstr. 68
30161 **Hannover**
Tel.: 0511/33 21 12

Mädchenhaus
Hannover
Tel.: 0511/44 08 57

Frauen gegen sexuelle Gewalt an Frauen und Mädchen e.V.
Frauennotruf
Alte Eppelheimer Str. 37-39
69115 **Heidelberg**
Tel.: 06221/18 36 43

Notruf für vergewaltigte Frauen und Mädchen e.V.
Annenstr. 23
31134 **Hildesheim**
Tel.: 05121/3 85 29 oder 05121/3 79 33

Notruf und Beratung für vergewaltigte und sexuell missbrauchte Frauen und Mädchen
Mainzer Str. 48
55743 **Idar-Oberstein**
Tel.: 06781/1 97 40 oder 06781/4 55 99

Frauenzuflucht
Postfach 1674
67605 **Kaiserslautern**
Tel.: 0631/1 70 00

Notruf und Beratung für vergewaltigte und belästigte Frauen und Mädchen
Rathausplatz 23
87435 **Kempten**
Tel.: 0831/1 21 00

Notruf und Beratung für vergewaltigte Mädchen und Frauen
Frauen gegen Gewalt
Preußer Str. 20
24105 **Kiel**
Tel.: 0431/9 11 44

Notruf und Beratung für vergewaltigte Frauen und Mädchen e.V.
Kurfürstenstr. 53
56068 **Koblenz**
Tel.: 0261/3 50 00

Notruf für vergwaltigte Frauen und Mädchen e.V.
Glasstr. 80
50823 **Köln**
Tel.: 0221/56 20 35

Notruf für Frauen
Bernhard Göring 152
Im Haus der Demokratie
04277 **Leipzig**
Tel.: 0341/3 06 52 46

Notruf und Beratung für vergewaltigte Frauen und Mädchen
Frauen gegen Gewalt e.V.
Marlesgrube 9
23552 **Lübeck**
Tel.: 0451/70 46 40

Notruf und Beratung für vergewaltigte Frauen und Mädchen e.V.
Walpodenstr. 10
55116 **Mainz**
Tel.: 06131/22 12 13

Notruf und Beratung für sexuell misshandelte Frauen und Mädchen
C 1, Nr.4
68159 **Mannheim**
Tel.: 0621/1 00 33

Notruf für vergewaltigte Frauen und Mädchen e.V.
München
Tel.: 089/59 37 01

Notruf für vergewaltigte Frauen und Mädchen e.V.
Bahnhofstr. 44
24534 **Neumünster**
Tel.: 04321/4 23 03

Notruf für vergewaltigte Frauen und Mädchen e.V.
Bleichstr. 25 RG
90429 **Nürnberg**
Tel.: 0911/28 44 00

Frauenhaus Oberhausen
Postfach 100441
46004 **Oberhausen**
Tel.: 0208/80 45 12

Mädchenhaus Oldenburg e.V.
Oldenburg
Tel.: 0441/7 78 04 94

Notruf und Beratung für vergewaltigte, sexuell misshandelte und belästigte Frauen und Mädchen
Gailerwöhr 21
94032 **Passau**
Tel.: 0851/7 29 99

Verein Nobra e.V.
Notruf für Frauen und Kinder
Postfach 60 01 32
14469 **Potsdam**
Tel.: 0331/96 46 44

Notruf und Beratung für vergewaltigte und belästigte Frauen und Mädchen e.V.
Prüfeningerstr. 32
93049 **Regensburg**
Tel.: 0941/2 41 71

Notruf für vergewaltigte Frauen
Ernst-Heckel Str. 1
18059 **Rostock**
Tel.: 0381/4 00 52 46

Frauen in Not e.V.
Notruf, Frauenhaus, Beratung
Postfach 100267
38202 **Salzgitter**
Tel.: 05341/1 30 33

KOBRA e.V. – *Beratungsstelle für sexuell missbrauchte Mädchen*
Hölderlinstr. 20
70174 **Stuttgart**
Tel.: 0711/16 29 70

Notruf für vergewaltigte und von sexueller Gewalt bedrohte Frauen und Mädchen e.V.
Deutschherrenstr. 38
54290 **Trier**
Tel.: 0651/1 97 40

Frauenhaus, Notruf
Wiesbaden
Tel.: 0611/5 99 03 39

Mädchenhaus Jugenddorf
Notruf und Mädchen-WG
38446 **Wolfsburg**
Tel.: 05361/3 47 85

Frauen helfen Frauen e.V.
Franziskanergasse 2a
97070 **Würzburg**
Tel.: 0931/1 67 92

danksagung

Zunächst möchte ich all den Menschen danken, die mir in kritischen Gesprächen und in lehrreichen Trainings Anregungen gaben und neue Sichtweisen ermöglichten. Im Besonderen danke ich Otto Schönbrunner (3. Dan Taeryon-Do, 1. Dan Shotokan Karate und Ausbilder für Personenschutz und Anti-Terror-Kampf), der mir die ersten und grundlegendsten Einblicke in die Frauenselbstverteidigung gab. Dirk Tonn danke ich für die hervorragende grafische Umsetzung und für die schmeichelhafte Darstellung meiner Wenigkeit. Mein Dank geht auch an Ralph Schwager (5. Dan Nin-Jutsu und 1. Dan Modern-Self-Defense), der die Gabe hat, traditionelle Kriegskunst mit moderner Selbstverteidigung zu vereinen und der uns elementar bei der Vorbereitung der grafischen Umsetzung innerhalb dieses Buches half. Von den Grafiken und Fotos nicht wegzudenken ist Melanie Grabe, der ich für ihre Geduld und Aufopferungsbereitschaft danken möchte. Ich danke Jörn Kochensperger (1. Dan Judo), der mit mir so manchen Frauenselbstverteidigungslehrgang »überlebte« und mir half, die Anzahl der »Techniken« auf ein vertretbares Maß zu reduzieren. Ich danke Nino Muce (2. Techniker Wing tsun), der mich lehrte, was Aggressivität sein kann und Stefan Borchers (3. Dan Aikido), der mein Meister auf dem Weg zur Harmonie ist. Mira Pflanz, Jutta Wittig und Angela Kayser danke ich für ihre offene und konstruktive Kritik am Manuskript. Zum Schluss möchte ich auch Jens Soemer (CCM) danken, der mir Tag und Nacht im Kampf gegen meinen Computer zur Seite stand.

weiterführende literatur

Benson, Bernard: *Der Weg ins Glück*. München 1989
Berckhan, Barbara: *Die etwas intelligentere Art, sich gegen dumme Sprüche zu wehren*. München, 4. Aufl. 1998
Dethlefsen, Thorwald: *Schicksal als Chance*. München 1979
Fastie, Friesa: *Ich weiß Bescheid*. Maasbüll 1997
Fromm, Erich: *Über den Ungehorsam*. München 1995
Harten, Hans-Christian: *Sexualität, Missbrauch, Gewalt*. Wiesbaden 1995
Huber, Michaela: *Multiple Persönlichkeiten*. Frankfurt am Main 1998
Jeanmaire, Alexander: *Der kreative Funke*. Kreuzlingen 1997
Kautz, Reinhard: *Handeln statt wegsehen*. München 1997
Laborde, Genie Z.: *Mehr sehen. Mehr hören. Mehr fühlen*. Paderborn 1997
MacKinnon, Catharine A.: *Nur Worte*. Frankfurt am Main 1994
Millman, Dan: *Erleuchteter Alltag*. München 1998
Morgan, Marlo: *Traumfänger*. München 1998
Nehberg, Rüdiger: *Let's fetz. Heute beginnt der Rest des Lebens*. Berlin 1986
Richter, Horst-Eberhard: *Umgang mit Angst*. Hamburg 1992
Sadrozinski, Renate (Hrsg.): *Grenzverletzungen*. Frankfurt am Main 1993
Schulz von Thun: Friedemann, *Miteinander reden*. Bd. 1–3. Reinbek 1981 – 1998

Lust bekommen auf weitere Themen?

make a change

hat mehr zu bieten:

ekkehart baumgartner, check it out
Deine Rechte als Jugendlicher

Jeder kommt ab und zu mal in die Situation, dass er irgendetwas vorhat, von dem er nicht so ganz genau weiß: Darf ich das? Hab ich überhaupt das Recht dazu? Und wie finde ich am besten durch den Behördendschungel, wenn ich mich informieren will?
Ob es um Schule, Job oder Studium, das Weggehen am Abend oder das Ausziehen von Zuhause geht: Wer wissen will, welche Rechte er hat, findet hier jede Menge handfeste Information, viele Tipps und Statements von Experten, sowie Erfahrungsberichte von Jugendlichen.
Ein Buch für alle, die es genau wissen wollen!

128 Seiten
ISBN 3-466-30506-3

christian gröll / david sehrbrock
clever durch die schule
Managementstrategien für bessere Noten

Von der Niete zum Erfolgsschüler. Wer möchte in der Schule nicht gut dastehen, um später optimal in Job oder Studium zu starten? Erfolg ist nicht automatisch mit Strebertum gleichzusetzen, denn auf diesem Image will sicher niemand hängen bleiben. Hier geht's auch nicht um stures Lerntraining, sondern darum, wie man durch richtige Organisation und optimale Präsentation seines Wissens ein Maximum an Punkten herausholen kann.

Für alle, die diesen vergleichsweise einfachen Weg gehen wollen, gibt es hier praktische Anregungen, Tipps und Informationen. Einfache Strategien, mit denen jeder zum »Erfolgsschüler« werden kann.

128 Seiten
ISBN 3-466-30508-X

 **ist die Reihe für dich!**